新能源汽车综合故障诊断

主　编　周　斌　唐跃辉
副主编　邓莎莎　何泽歆　杨发明
参　编　熊满川　杨　浩　董　杰
　　　　李　奕　陈　刚　李保桦

北京理工大学出版社
BEIJING INSTITUTE OF TECHNOLOGY PRESS

内容简介

本书文字通俗、重点突出、注重实用、内容新颖，以吉利帝豪 EV450 为例，系统地论述了新能源汽车综合故障诊断技能相关知识和技能操作，共设计 5 个项目、10 个任务。其中，项目一为低压起动系统故障诊断与排除，包括整车控制器（VCU）故障诊断与排除和制动开关故障诊断与排除两个任务；项目二为高压起动系统故障诊断与排除，包括动力电池管理系统（BMS）故障诊断与排除和高压互锁线路故障诊断与排除两个任务；项目三为高压行驶系统故障诊断与排除，包括 P-CAN 线路故障诊断与排除和驱动电机温度信号故障诊断与排除两个任务；项目四为充电系统故障诊断与排除，包括交流充电 CC 信号故障诊断与排除和交流充电 CP 信号故障诊断与排除两个任务；项目五为空调系统故障诊断与排除，包括空调系统不制冷故障排除和空调系统不制热故障排除两个任务。

本书由校企合作共同编写，可作为院校汽车类相关专业和交通运输类相关专业的教材，也可作为相关从业人员的业务参考书和培训教材。

版权专有　侵权必究

图书在版编目（CIP）数据

新能源汽车综合故障诊断 / 周斌，唐跃辉主编 . -- 北京：北京理工大学出版社，2023.9
ISBN 978-7-5763-2895-0

Ⅰ. ①新… Ⅱ. ①周… ②唐… Ⅲ. ①新能源 - 汽车 - 故障诊断 Ⅳ. ①U469.707

中国国家版本馆 CIP 数据核字（2023）第 174996 号

责任编辑： 陈莉华	**文案编辑：** 陈莉华	
责任校对： 刘亚男	**责任印制：** 边心超	

出版发行 / 北京理工大学出版社有限责任公司
社　　址 / 北京市丰台区四合庄路 6 号
邮　　编 / 100070
电　　话 /（010）68914026（教材售后服务热线）
（010）68944437（课件资源服务热线）
网　　址 / http://www.bitpress.com.cn
版 印 次 / 2023 年 9 月第 1 版第 1 次印刷
印　　刷 / 定州市新华印刷有限公司
开　　本 / 889 mm × 1194 mm　1/16
印　　张 / 10.5
字　　数 / 213 千字
定　　价 / 89.00 元

图书出现印装质量问题，请拨打售后服务热线，负责调换

前言

随着新能源汽车的不断发展，新能源汽车的保有量也在逐年增加，因此，社会上也急需一批新能源汽车制造与维修方面的专业人才。虽然和传统的汽车故障诊断有着许多相同之处，但不同类型的新能源汽车都有它自己独特的结构。

"新能源汽车综合故障诊断"课程是新能源汽车运用与维修专业的一门专业核心课程。本书以吉利帝豪EV450为例，系统地论述了新能源汽车综合故障诊断技能相关知识和技能操作，共设计5个项目、10个任务。其中，项目一为低压起动系统故障诊断与排除，包括整车控制器（VCU）故障诊断与排除和制动开关故障诊断与排除两个任务；项目二为高压起动系统故障诊断与排除，包括动力电池管理系统（BMS）故障诊断与排除和高压互锁线路故障诊断与排除两个任务；项目三为高压行驶系统故障诊断与排除，包括P-CAN线路故障诊断与排除和驱动电机温度信号故障诊断与排除两个任务；项目四为充电系统故障诊断与排除，包括交流充电CC信号故障诊断与排除和交流充电CP信号故障诊断与排除两个任务；项目五为空调系统故障诊断与排除，包括空调系统不制冷故障排除和空调系统不制热故障排除两个任务。

本书旨在培养学生的学习兴趣，逐渐提高学生的创新精神、实践能力，以及工匠精神；培养学生运用所学知识与技能解决生产生活中相关实际问题的能力，以及安全生产、节能环保和产品质量等职业意识，使其养成良好的工作方法、工作作风和职业道德，为后续新能源汽车运用与维修专业相关课程的学习及未来的职业生涯打下坚实的基础。

本书的开发根据行业岗位需求、新能源汽车运用与维修专业的人才培养目标和新能源汽车综合故障诊断的教学大纲选取教材内容，根据工作过程系统化的原则设计学习任务，依据人的成长规律编排教材内容。

本书采用工学结合的一体化课程模式，行动导向教学方法，项目引领、任务驱动的编写模式，以"任务"为主线，将"知识学习、能力训练和综合素质培养"贯穿于教学全过程的一体化教学模式，让学生在技能训练过程中加深对专业知识、技能的理解和应用，培养学生的综合技能。

本书由重庆长安汽车股份有限公司唐跃辉、杨发明，重庆工商职业学院何泽歆，四川仪表工业学校周斌、邓莎莎、熊满川、董杰，重庆工贸技师学院杨浩，重庆市工业学校陈刚，重庆机械技师学院李保桦，重庆铁路运输技师学院李奕，企业、高职院校、中职院校、技工院校共同编写。

由于编者水平有限，书中难免存在缺点和不足之处，恳请广大读者批评指正！

编 者

目录

项目一　低压起动系统故障诊断与排除 ……………………………………………… 1

　　任务一　整车控制器（VCU）故障诊断与排除 ……………………………………… 2

　　任务二　制动开关故障诊断与排除 ………………………………………………… 17

项目二　高压起动系统故障诊断与排除 ……………………………………………… 33

　　任务一　动力电池管理系统（BMS）故障诊断与排除 …………………………… 36

　　任务二　高压互锁线路故障诊断与排除 …………………………………………… 51

项目三　高压行驶系统故障诊断与排除 ……………………………………………… 66

　　任务一　P-CAN 线路故障诊断与排除 ……………………………………………… 69

　　任务二　驱动电机温度信号故障诊断与排除 ……………………………………… 84

项目四　充电系统故障诊断与排除 …………………………………………………… 95

　　任务一　交流充电 CC 信号故障诊断与排除 ……………………………………… 97

任务二　交流充电 CP 信号故障诊断与排除……………………………… 114

项目五　空调系统故障诊断与排除……………………………………… 129
　　任务一　空调系统不制冷故障排除……………………………………… 131
　　任务二　空调系统不制热故障排除……………………………………… 146

参考文献……………………………………………………………………… 161

项目一

低压起动系统故障诊断与排除

项目描述

低压起动系统故障诊断与排除项目描述如表 1-1 所示。

表 1-1 低压起动系统故障诊断与排除项目描述

项目名称		低压起动系统故障诊断与排除		
项目描述	企业需求	根据客户反应,吉利帝豪 EV450 在使用过程中,针对低压起动系统,车辆无法起动。那么接下来我们将通过学习解决低压起动系统部分典型故障		
	知识目标	①掌握 VCU 功能原理。 ②掌握制动开关功能原理。 ③了解整车数据通信的检测与诊断。 ④掌握电路图的查询方法	学习时间	12 学时
	技能目标	①能够正确运用万用表、示波器、诊断仪等常见设备。 ②能够准确对线路原理图进行识读和分析。 ③能够对常见充电故障进行诊断与排除。 ④具备新标准、新政策的学习能力		
	素养目标	①能够在工作过程中与小组其他成员合作、交流,养成团队合作意识,锻炼沟通能力。 ②养成服从管理、规范作业的良好工作习惯。 ③养成 7S 的工作习惯		

新能源汽车低压系统由点火开关及搭铁、BCM、灯光系统、空调控制系统及其他控制器等部件组成。理论上讲,新能源汽车的低压起动系统,尤其是防盗系统,与传统燃油车无异。下面,来了解一下吉利帝豪 EV450 的动力系统防盗控制。

吉利帝豪 EV450 车辆无钥匙进入和起动功能可以使驾驶人直接拉门把手即可进入车辆，并使用一键式起动按钮起动车辆。当驾驶人拉动门把手时，无钥匙进入系统检测周围遥控器（FOB）的有效性，遥控器发出信号回应车辆，并使 BCM 解锁所有车门。

当驾驶人按下起动开关，BCM 检测车辆防盗线圈周围遥控器（UID）的有效性，遥控器发出信号回应车辆，以解锁转向柱电子锁（ESCL），此时，BCM 通过 V-CAN 网络系统与 VCU 进行信号认证。若所有信号有效，则动力系统执行高压上电流程。若信号错误，则将导致车辆触发防盗报警系统，应急警告灯闪烁，喇叭蜂鸣，高压不上电。图 1-1 所示为防盗认证控制结构图。

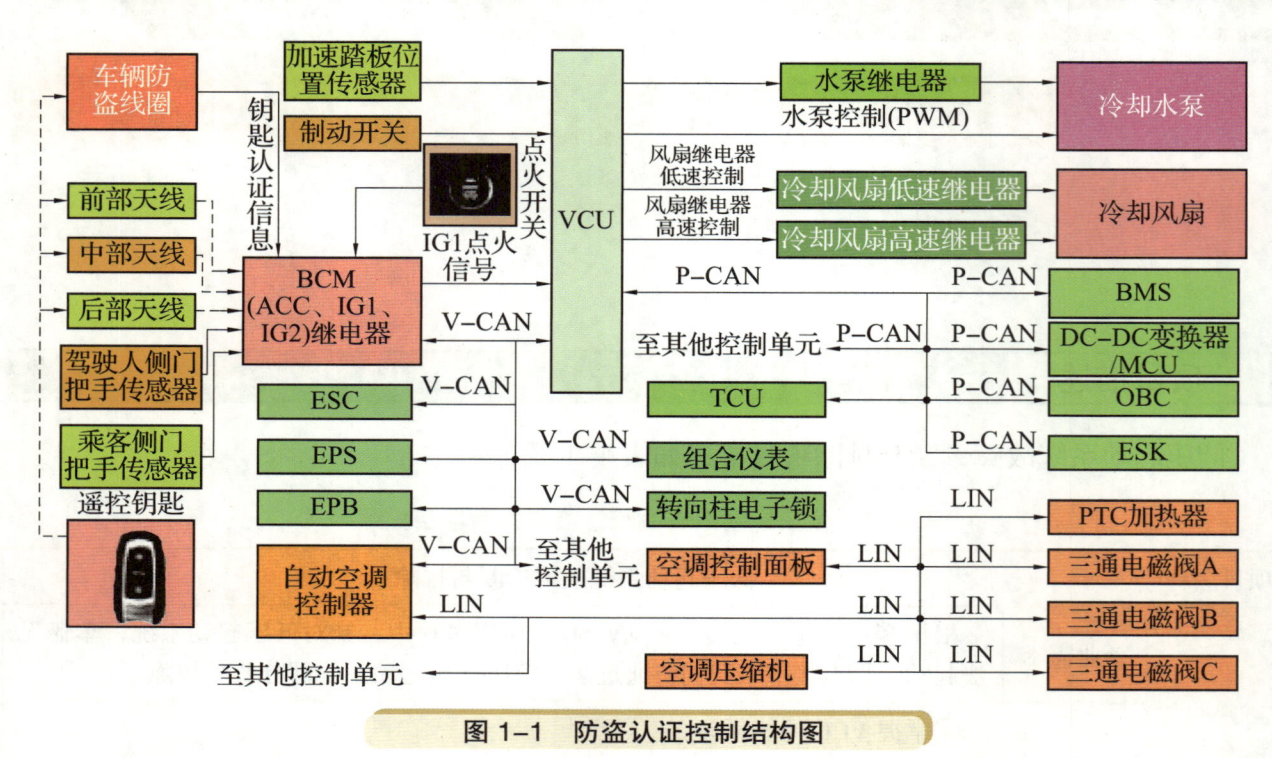

图 1-1 防盗认证控制结构图

任务一 整车控制器（VCU）故障诊断与排除

任务描述

吉利帝豪 EV450 电动汽车无法正常行驶，已经拖车托运至店维修，请在约定时间内对车辆进行诊断与维修，并给客户提出用车建议。

知识准备

一、VCU 结构与工作原理

VCU 通过接收、处理驾驶人的驾驶操作指令，并向各个部件发送控制指令，使车辆按驾驶人的期望行驶；同时与电机控制系统（MCU）、DC-DC 变换器、动力电池管理系统（BMS）等进行通信；在系统运行过程中，VCU 针对关键信号的输入判断车辆状态，起动保护功能，视故障的类别对整车进行分级保护，紧急情况下可以关掉驱动电机及切断母线高压系统。

图 1-2 所示为 VCU 控制结构图，它主要围绕 VCU 展开，通过检测电子挡位信号、加速踏板信号和制动踏板信号，通过数据总线控制驱动电机的正反转、转速和转矩，通过减速器输出转速和转矩，调整整车车速。

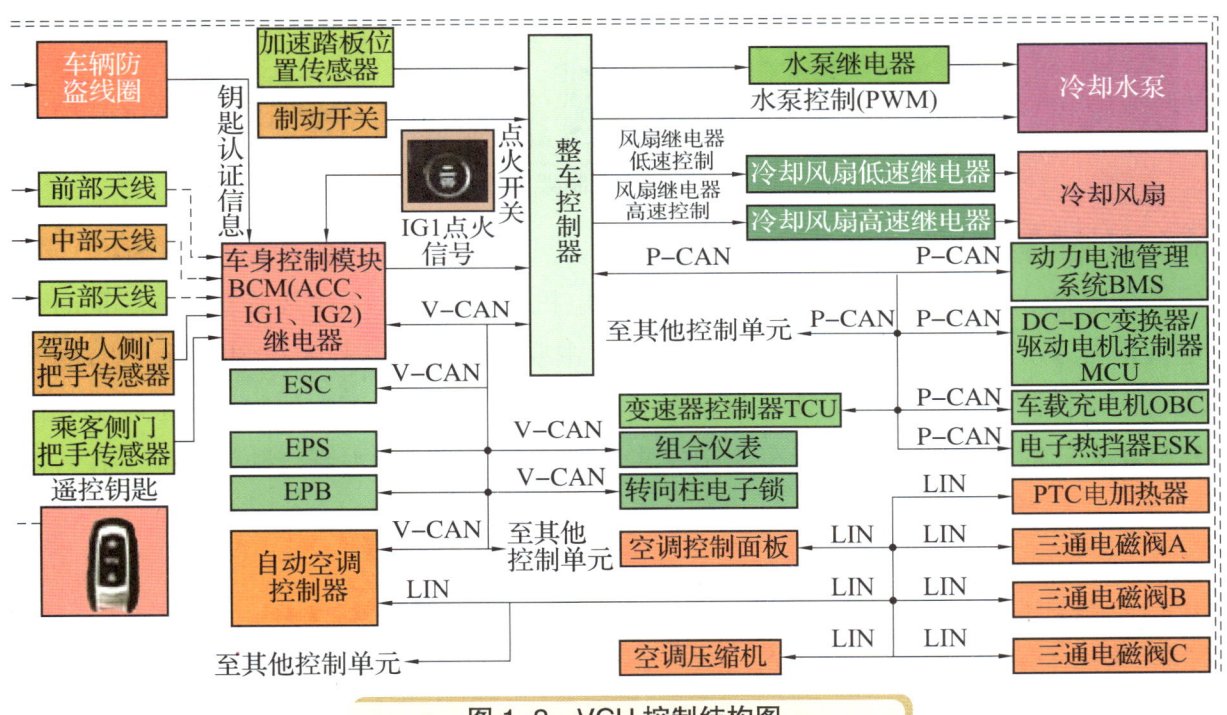

图 1-2　VCU 控制结构图

图 1-3 所示为整车控制架构图，从中可以看出，整个系统主要由动力控制系统、车身电控系统两大部分组成。动力控制系统主要围绕储能［BMS、车载充电机（OBC）］、耗能电动汽车控制系统及检修（MCU、DC-DC 变换器及控制系统、PTC 加热器及控制系统、空调压缩机及控制系统）两大系统展开；车身电控系统主要围绕空调、制动、仪表、电子转向、车辆防盗、导航、座椅、天窗、安全气囊、电子稳定控制系统（ESC）、电子驻车（EPB）等系统展开。

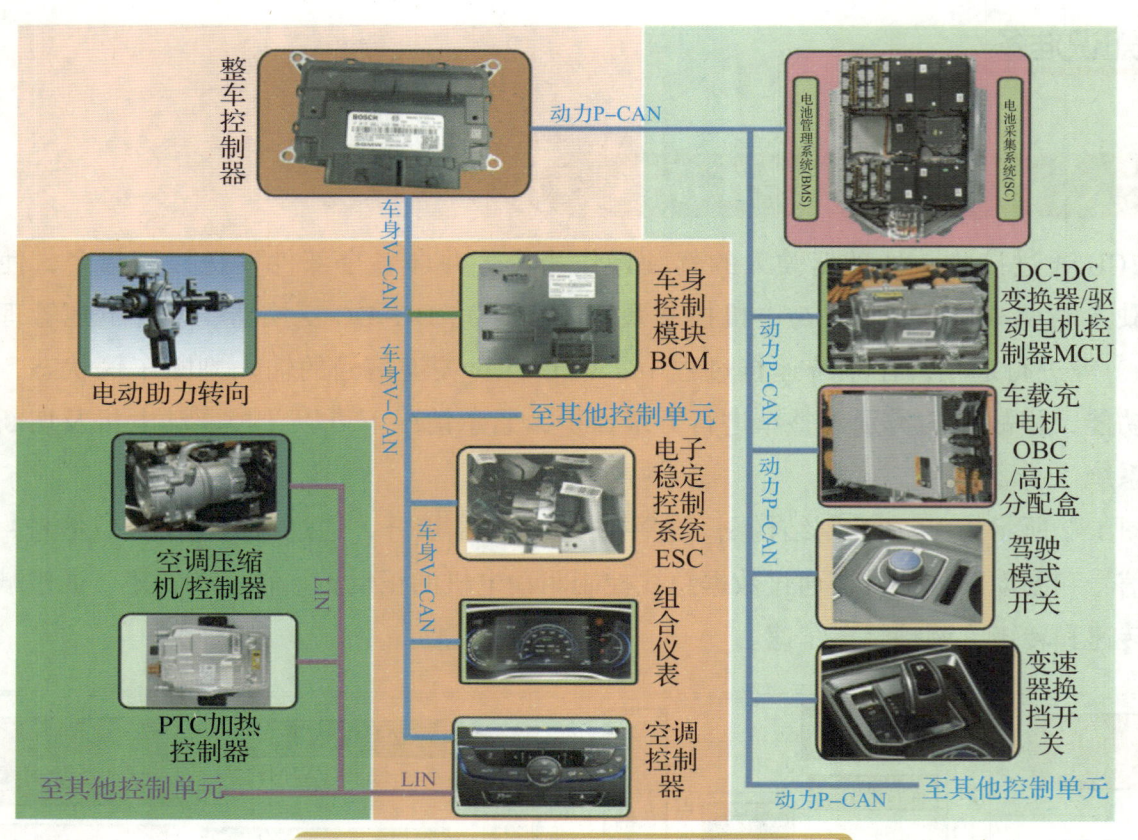

图 1-3 整车控制架构图

VCU 根据车辆运行的不同情况，包括挡位、车速、动力蓄电池荷电状态（SOC）、加速踏板位置传感器、制动开关、温度等参数来决定电机输出转矩、功率及旋转方向，同时根据辅助电气信号及充电状态信号来控制车辆运行，主要功能包括驾驶人意图解析、驱动控制、制动能量回收控制、整车能量优化管理、充电过程控制、高压上下电控制、上坡辅助功能控制、车辆状态实时监测和显示、行车控制模式、热管理控制、动力系统防盗控制、在线匹配标定等。

二、低压配电与起动控制原理

图 1-4 所示为吉利帝豪 EV450 车门打开控制流程，驾驶人携带车钥匙接近门把手去开门，此时门把手将信号传递给车身控制单元 BCM，BCM 接收到信号后将防盗系统唤醒。之后，BCM 通过车外天线发射低频信号找钥匙，钥匙指示灯闪烁。同时，钥匙发射高频信号反馈回 BCM，BCM 接收到信号后，激活 CAN 总线网络。此时 BCM 通过 CAN 总线来控制中央门锁，进行解锁开门。

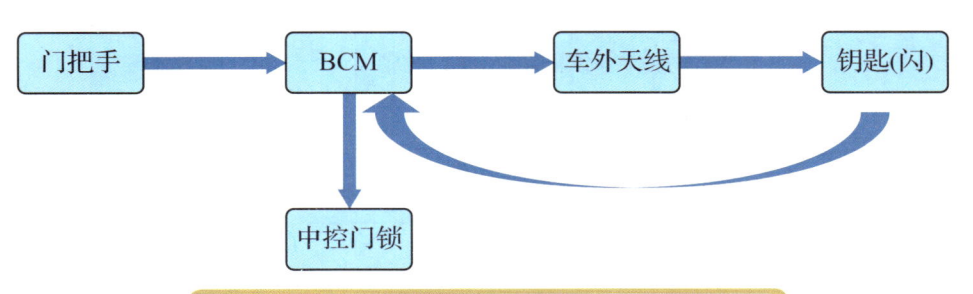

图 1-4 吉利帝豪 EV450 车门打开控制流程

图 1-5 所示为吉利帝豪 EV450 低压起动控制流程。车门打开以后，驾驶人拉开车门，进入车内，打开点火开关，起动车辆。此时主要针对 BCM 和 VCU 这两个模块展开控制。首先，点火开关将开关信号传递给 BCM，BCM 会控制 ACC、IG1、IG2 继电器工作，给低压起动系统上电。接着，BCM 通过车内天线（前、中、后）发射低频信号去找钥匙，找到之后，钥匙闪烁，发射高频信号反馈给 BCM，判断钥匙是否合法。同时，BCM 唤醒 V-CAN，通过 V-CAN 对转向柱进行锁止控制，方向盘解锁，仪表点亮。在 BCM 对车钥匙认证通过的同时，BCM 向 VCU 提供一个 IG 信号，当 BCM 和 VCU 认证通过后，VCU 对 BMS 发射高压上电指令，控制高压上电。任何一个环节没有通过认证，都会触发防盗，导致应急警告灯闪烁，喇叭蜂鸣，高压不上电。

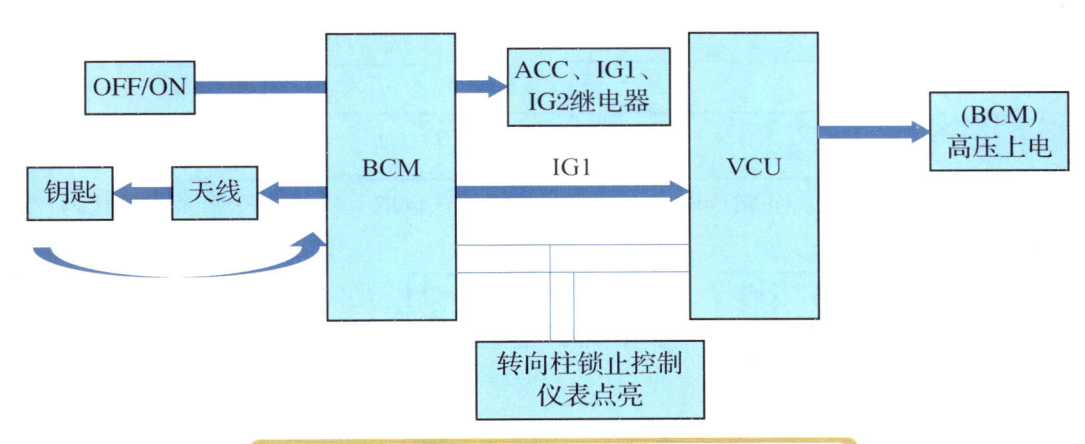

图 1-5 吉利帝豪 EV450 低压起动控制流程

三、VCU 故障导致低压起动不正常检测验证方案制定

图 1-6 所示为 VCU 故障导致低压起动不正常的检测与诊断工作流程。

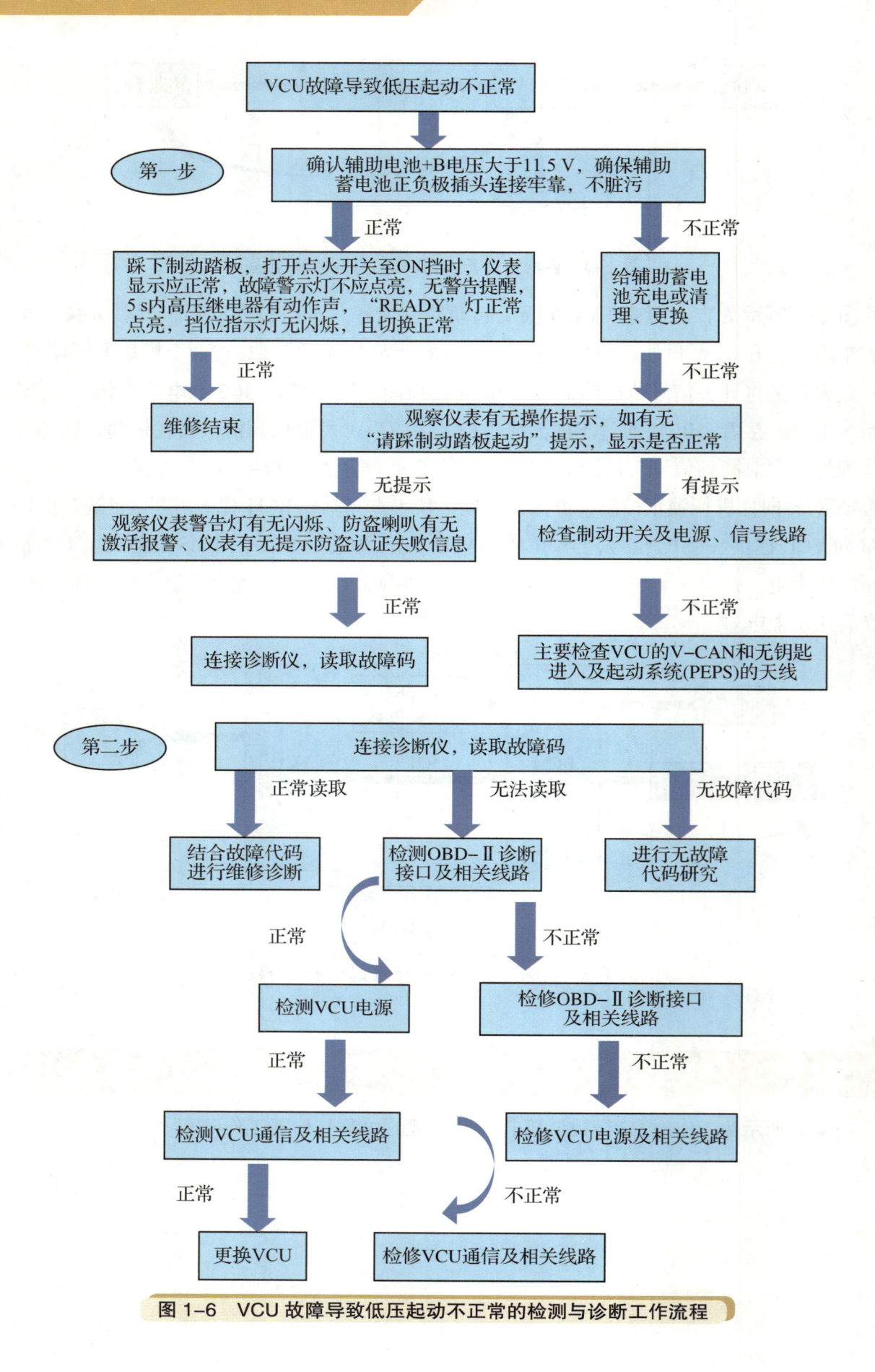

```
                    ┌─────────────────────────┐
                    │ VCU故障导致低压起动不正常 │
                    └───────────┬─────────────┘
                                │
              ┌─────┐    ┌──────▼──────────────────────┐
              │第一步│   │确认辅助电池+B电压大于11.5 V，│
              └─────┘    │确保辅助蓄电池正负极插头连接  │
                         │牢靠，不脏污                  │
                         └──┬────────────────────┬──────┘
                        正常│                不正常│
```

图 1-6 VCU 故障导致低压起动不正常的检测与诊断工作流程

（流程图内容）

第一步：确认辅助电池+B电压大于11.5 V，确保辅助蓄电池正负极插头连接牢靠，不脏污
- 正常 → 踩下制动踏板，打开点火开关至ON挡时，仪表显示应正常，故障警示灯不应点亮，无警告提醒，5 s内高压继电器有动作声，"READY"灯正常点亮，挡位指示灯无闪烁，且切换正常
  - 正常 → 维修结束
  - 不正常 → 观察仪表有无操作提示，如有无"请踩制动踏板起动"提示，显示是否正常
    - 无提示 → 观察仪表警告灯有无闪烁、防盗喇叭有无激活报警、仪表有无提示防盗认证失败信息
      - 正常 → 连接诊断仪，读取故障码
    - 有提示 → 检查制动开关及电源、信号线路
      - 不正常 → 主要检查VCU的V-CAN和无钥匙进入及起动系统(PEPS)的天线
- 不正常 → 给辅助蓄电池充电或清理、更换

第二步：连接诊断仪，读取故障码
- 正常读取 → 结合故障代码进行维修诊断
- 无法读取 → 检测OBD-Ⅱ诊断接口及相关线路
  - 正常 → 检测VCU电源
    - 正常 → 检测VCU通信及相关线路
      - 正常 → 更换VCU
  - 不正常 → 检修OBD-Ⅱ诊断接口及相关线路
    - 不正常 → 检修VCU电源及相关线路
      - 不正常 → 检修VCU通信及相关线路
- 无故障代码 → 进行无故障代码研究

图 1-6 VCU 故障导致低压起动不正常的检测与诊断工作流程

1. 故障现象

吉利帝豪EV450故障现象：低压不能上电、VCU无法进入系统、仪表显示IMMO认证失败、P挡闪烁、动力系统故障灯点亮。故障现象如图1-7所示。

2. 模块通信状态及故障码检查

（1）故障码文字描述。

VCU系统无法进入，无法读取相关故障码。

（2）故障诊断仪显示。

解码仪显示图例如图1-8所示。

图1-7 故障现象

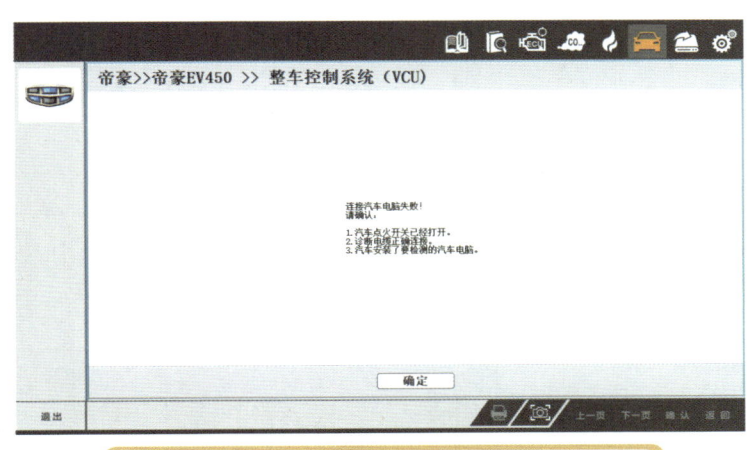

图1-8 解码仪显示图例

（3）相关数据流文字描述。

无相关数据流。

（4）相关数据流故障诊断仪显示。

无相关数据流图。

3. 确认故障范围

VCU模块的供电、搭铁、通信等方面，以及模块自身是否损坏。

任务实施

一、安全操作规章

（1）在进行故障检测前判断周围环境是否干燥，有无灭火器材等。
（2）检测前，做好安全防护准备工作，如绝缘手套、护目镜、绝缘鞋等的检查与穿戴。

（3）在进行 VCU 故障导致低压起动不正常的诊断与排除操作时，做好车辆的检查工作。

（4）使用绝缘电阻测试仪、万用表等，必须提前校对仪器的准确性。

（5）对检测所获得的数据，必须认真记录，准确计算，仔细分析，保证检测的准确、快捷。

二、VCU 故障导致低压起动不正常的诊断与排除工具准备

VCU 故障导致低压起动不正常的诊断与排除工具准备清单如表 1-2 所示。

表 1-2　VCU 故障导致低压起动不正常的诊断与排除工具准备清单

类型	名称	规格	图示
防护工具	绝缘手套	绝缘	
	护目镜	绝缘	
	安全帽	绝缘	
检测工具	诊断仪	X431	
	万用表	优利德	
	示波器	优利德	
	兆欧表	FLUKE	
拆装工具	工具车	绝缘	

三、VCU 故障导致低压起动不正常的诊断与排除

根据故障范围分步骤进行线路流程检测。

1. 检测分析

根据仪表显示的故障现象及诊断仪显示的状态，初步判定 VCU 供电、通信、搭铁三条主线均可能存在问题，按照检测顺序，首先针对其供电线路进行分段排查。

2. 检测电路

需要检测的部分电路如图 1-9 所示。

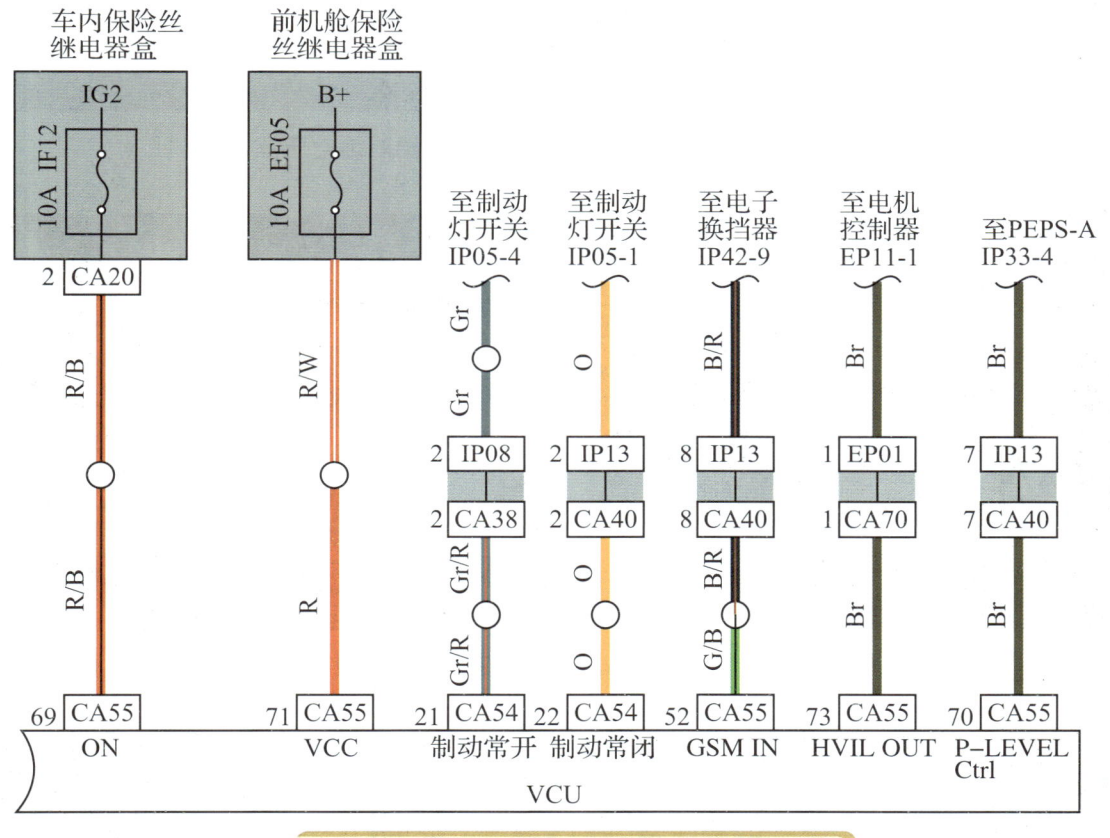

图 1-9　需要检测的部分电路

3. 具体检测过程

故障诊断与排除准备工作完毕之后，具体诊断过程如图 1-10 至图 1-15 所示。

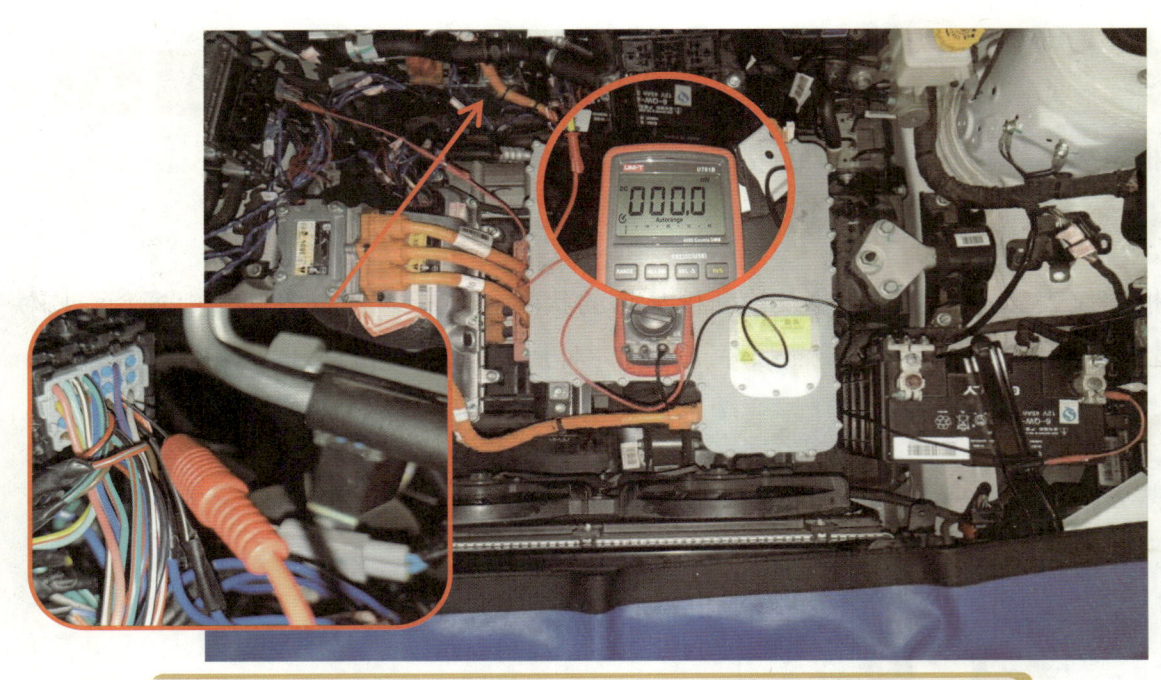

图 1-10　打开点火开关后测量 CA55/71 线的背插对地电压值（0 V）

图 1-11　车辆下电，断开低压电源负极

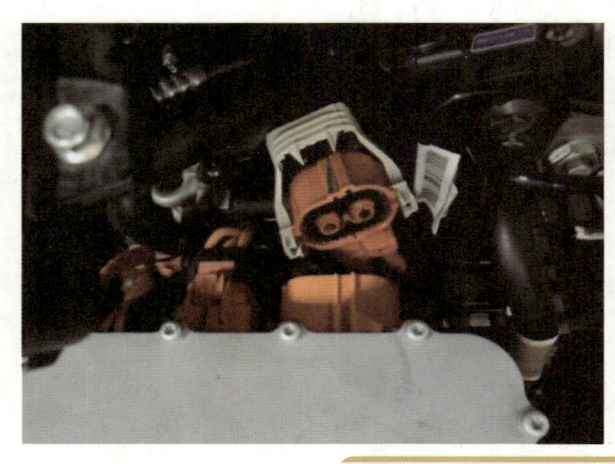

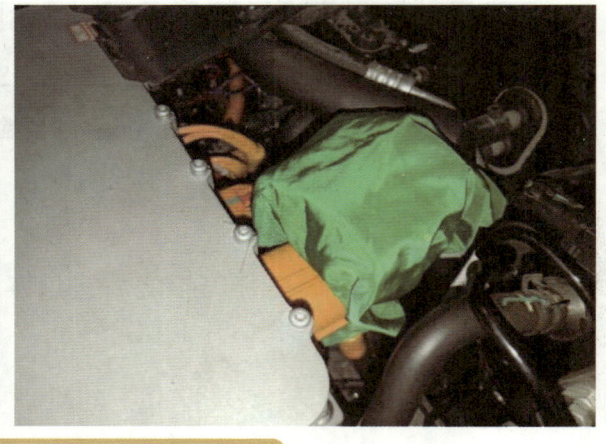

图 1-12　断开高压连接部件，静置 5 min

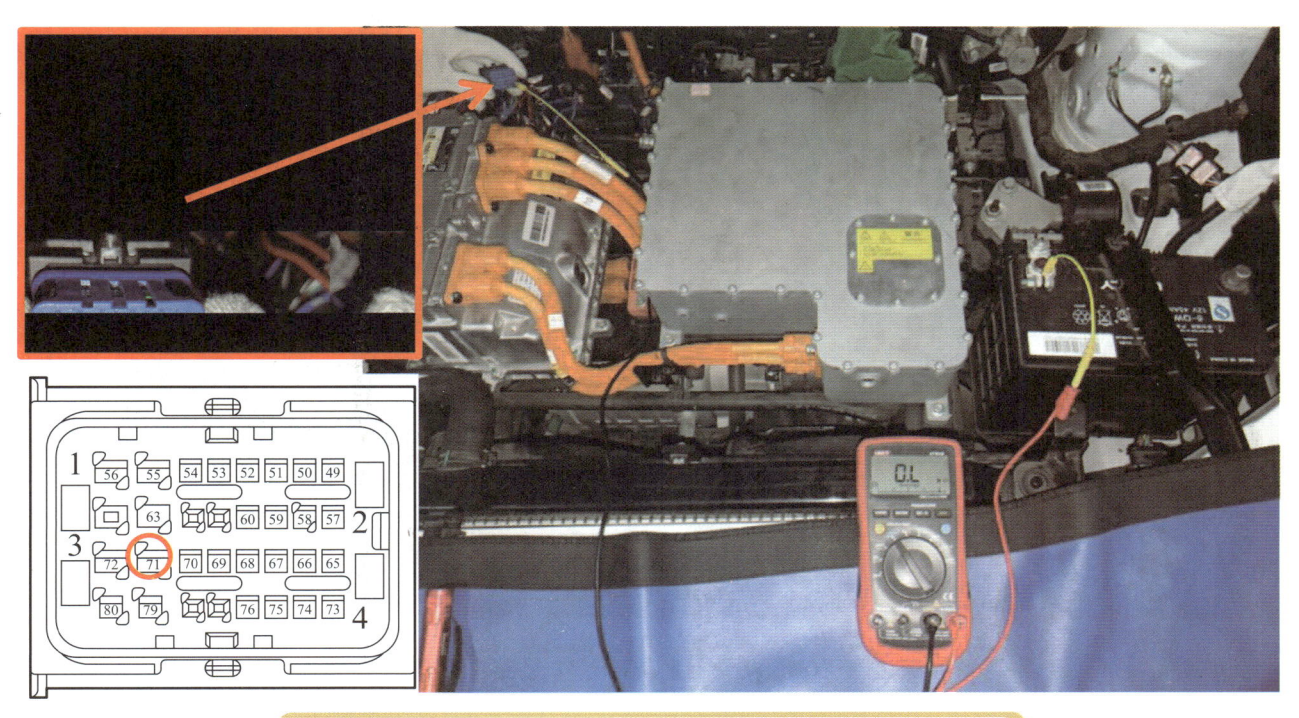

图 1-13 测量 CA55/71 到 B+ 线路的电阻值（无穷大）

测量线路后将故障范围锁定在 CA55/71 至 B+ 之间的线路上，随后针对该线路进行分段测量，找出故障点所在线路。

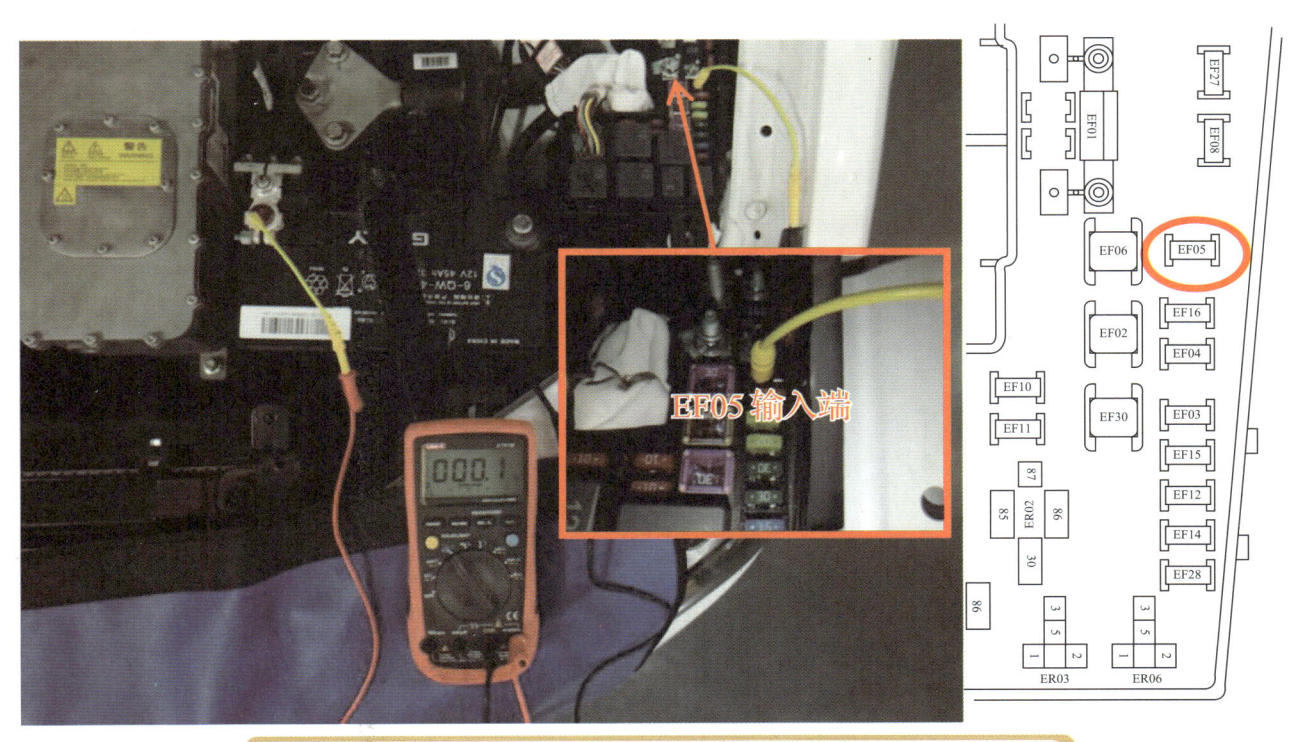

图 1-14 测量 B+ 输出端到 EF05 保险输入端线路电阻（0.1Ω）

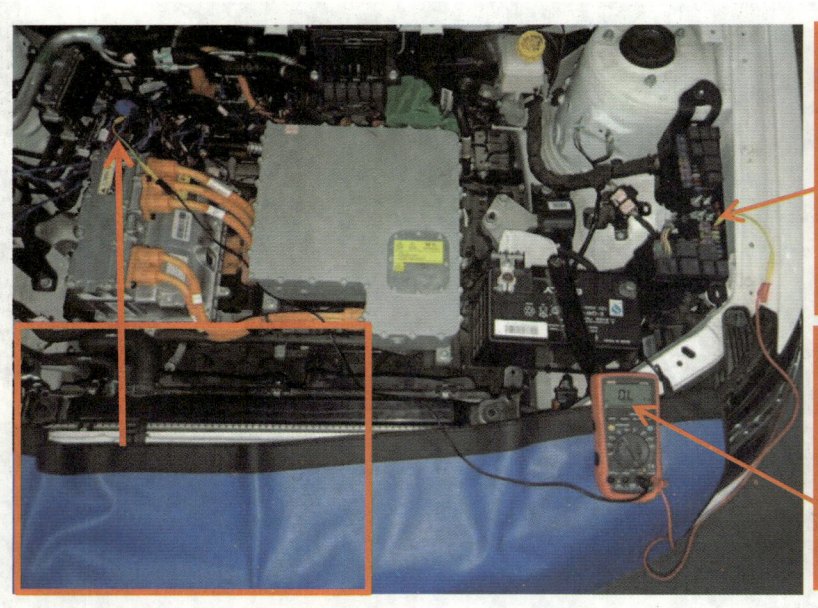

图 1-15　测量 EF05 输出端到 CA55/71 线路电阻值（无穷大）

对该故障进行测量时可先用背插法测得故障点的大致位置或范围，而后测得 CA55/71 对地电压不正常，分段测量后发现 EF05 输出端到 CA55/71 之间线路电阻无穷大，从而确定为断路故障点。

任务评价

一、展示学习成果

二、根据评分标准团队内部和团队间交互完成质量检查

VCU 故障导致低压起动不正常的诊断与排除质量评价表如表 1-3 所示。

表 1-3　VCU 故障导致低压起动不正常的诊断与排除质量评价表

项目	检查点	评价标准	配分	检测记录 自检	检测记录 互检	得分
检测分析	对 VCU 供电、通信、搭铁三条主线进行分析	分析不准确不得分	10			
	查阅电路图，准确找到相关位置	查找不准确不得分	10			
检测过程	测量 CA55/71 线的背插对地电压值	测量不准确不得分	10			
	车辆下电，断开低压电源负极	操作不准确不得分	10			
	断开高压连接部件，静置 5 min	操作不准确不得分	10			
	测量 CA55/71 到 B+ 线路的电阻值	测量不准确不得分	10			
	测量 B+ 输出端到 EF05 保险输入端线路电阻	测量不准确不得分	10			
	测量 EF05 输出端到 CA55/71 线路电阻	测量不准确不得分	10			
	故障点确认	确认不准确不得分	10			
	安全操作	违反安全规章 1 项扣 2 分（扣完为止），严重违章不得分	10			

三、学习感想交流

提起新能源汽车，相信很多人都会想到中国。如今，中国的新能源汽车卖到了世界各地，包括汽车的发源地欧洲。数据显示，目前在欧洲，每十台新能源汽车中，就有一台来自中国。中国的新能源汽车给出了一张漂亮的出口成绩单：2022 年的前 11 个月，我国汽车出口 278 万辆，超过德国，成为全球第二大汽车出口国，其中，新能源汽车出口同比增长一倍。

如今，中国的电池、电机、电控——"三电"能力已经在全球遥遥领先。当前的中国汽车产业，正迅速往电动智能方向发展，中国汽车品牌也正在重新定义新能源汽车。

将你的感想和老师、同学进行交流吧！

四、学习过程交流

（1）展示和讲述学习过程与学习成果。

（2）交流学习，发现、分析和解决 VCU 故障导致低压起动不正常的检测与诊断学习过程中出现的问题。

五、学习效能评价

团队内部完成学习效能评价的自评与互评。VCU故障导致低压起动不正常的诊断与排除学习效能评价表如表1-4所示。

表1-4 VCU故障导致低压起动不正常的诊断与排除学习效能评价表

序号	项目	内容	程度	不能的原因
1	知识学习	VCU的结构与原理	□能 □不能	
2		VCU控制系统的电路图识读	□能 □不能	
3		低压起动控制系统的故障分析方法	□能 □不能	
4		低压起动控制系统的故障排除流程编制	□能 □不能	
5		低压起动控制系统故障排除的安全规范	□能 □不能	
6	技能学习	低压起动控制系统的工具设备的选择	□能 □不能	
7		低压起动控制系统的故障检测与操作	□能 □不能	
8		低压起动控制系统的故障排除与操作	□能 □不能	
9		低压起动控制系统的检修质量控制与判定	□能 □不能	
10		VCU故障导致低压起动不正常的诊断与排除	□能 □不能	
经验积累与问题解决				
经验积累	问题解决			
签审	①学生评价委员会意见: 年 月 日 ②指导教师意见: 年 月 日			评价等级认定

六、综合能力评价

（1）团队内部完成综合能力的自评与互评。

（2）团队间交互完成学习效能的互评。

VCU故障导致低压起动不正常的诊断与排除任务综合能力评价表如表1-5所示。

表 1-5　VCU 故障导致低压起动不正常的诊断与排除任务综合能力评价表

	学习任务名称						学习时间				
	班　　级						学习团队				
	评价指标		评价情况				否定结果原因	自评	互评	师评	
1	学习态度	□优秀　□良好　□一般　□差									
2	知识学习	□优　□良　□中　□差									
3	技能学习	□优　□良　□中　□差									
4	流程编制	□优化　□合理　□一般　□不合理									
5	程序编制	□优化　□合理　□一般　□不合理									
6	完成时间	□提前　□准时　□延后　□未完成									
7	测验质量	□合格　□不良　□返修　□报废									
8	成果展示	□清晰流畅　□需要补充　□不清晰流畅									
9	操作方法	□正确　□部分正确　□不正确									
10	安全规范	□很好　□好　□较好　□不好									
11	7S 管理	□很好　□好　□较好　□不好									
12	分工协作	□很好　□好　□较好　□不好									
13	沟通交流	□很好　□好　□较好　□不好									
14	问题解决	□及时　□较及时　□不及时									
15	创新精神	□优秀　□良好　□一般　□不足									
16	规划掌控	□很好　□好　□较好　□不好									
学习任务完成自评总结							亮点				
							缺点				
团队评价		团队自评	□优　□良　□中　□差				团队互评	□优　□良　□中　□差			

学生个人评价

项目 姓名	1	2	3	4	5	6	7	8	9	10	11	12	13	14	15	16

审定意见

学习组长	指导教师	教研组长
年　月　日	年　月　日	年　月　日

说明：（1）此表主要对学习任务中的综合能力进行评价。

（2）每一个学习任务完成后，学生必须客观、真实、公正地进行评价和填报此表，此表可作为综合学习项目的评价依据。

（3）学生个人评价在学习团队内部进行，评价指标代码对应团队考核评价指标。

拓展提升

（一）接续任务学习的准备工作布置

（1）进行任务二制动开关故障诊断与检测学习信息收集与筛选和资源的准备。

（2）进行任务二制动开关故障诊断与检测学习设备与工具的准备。

（二）拓展阅读

我国在推进新能源汽车发展的20余年过程中，始终坚持将科技创新作为行业发展的核心动力，走出了一条汽车产业转型升级的新路子。在推动新能源汽车产业发展之初，科技部系统性构建了混合动力汽车、纯电动汽车、燃料电池汽车"三纵"，能源动力总成控制系统、电机及其控制系统、电池及其管理系统"三横"的总体研发布局，为我国新能源汽车产业发展搭建了强有力的技术底座。科技部鼓励企业牵头组织实施国家重大科技任务，支持领军企业牵头组建创新联合体，推动构建以企业为主体、市场需求为导向、产学研相结合的产业创新体系。

当前，企业已成为技术创新的主体，产业技术创新呈现需求导向和场景驱动的特点，资本大量涌入也加速了技术商业化应用。在此基础上，新能源汽车技术创新速度和产业成熟度一直呈现加速趋势。新体系半固态电池单体能量密度达到360 Wh/kg；燃料电池系统寿命超过1万小时，成本大大降低；第三代半导体电机控制器和多合一集成等先进技术不断提升驱动系统的经济性；车用固态激光雷达、4D毫米波雷达、高算力自动驾驶芯片、智能座舱等技术提升了安全性能；网联通信技术实现了车辆对道路状态的超视距感知与动态更新，满足更安全、更高效的出行场景需求。可以说科技创新在加速新能源汽车发展的同时也在重塑汽车产业的形态和格局。

项目一　低压起动系统故障诊断与排除

任务二　制动开关故障诊断与排除

任务描述

吉利帝豪 EV450 电动汽车无法正常行驶，已经拖车托运至店维修，请在约定时间内对车辆进行诊断与维修，并给客户提出用车建议。

知识准备

一、制动开关组成原理

制动开关的作用是控制制动灯线路导通与截止，以及反映驾驶人对车辆速度控制的操作意图。制动时会切断巡航控制、启动 ABS、启动 MCU 对能量进行回收以及对整车高压上电的控制。图 1-16 所示为制动开关安装位置。

图 1-16　制动开关安装位置

1. 结构

制动开关主要由开关护壳、开关触点、开关外壳、开关后盖、开关回位弹簧、开关触点推杆等组成。制动开关结构示意如图 1-17 所示。

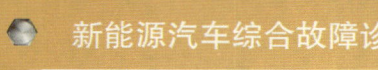

图 1-17 制动开关结构示意
1—开关护壳；2—开关触点；3—开关外壳；4—开关后盖；5—开关回位弹簧；6—开关触点推杆

2. 工作原理

图 1-18 所示为制动开关线路原理图，从图中可以看出，制动开关内部有两组触点，分别是 CA44b/1 端子和 CA44b/2 端子、CA44b/3 端子和 CA44b/4 端子，其中 CA44b/3 端子和 CA44b/4 端子为常闭触点，CA44b/1 端子和 CA44b/2 端子为常开触点。

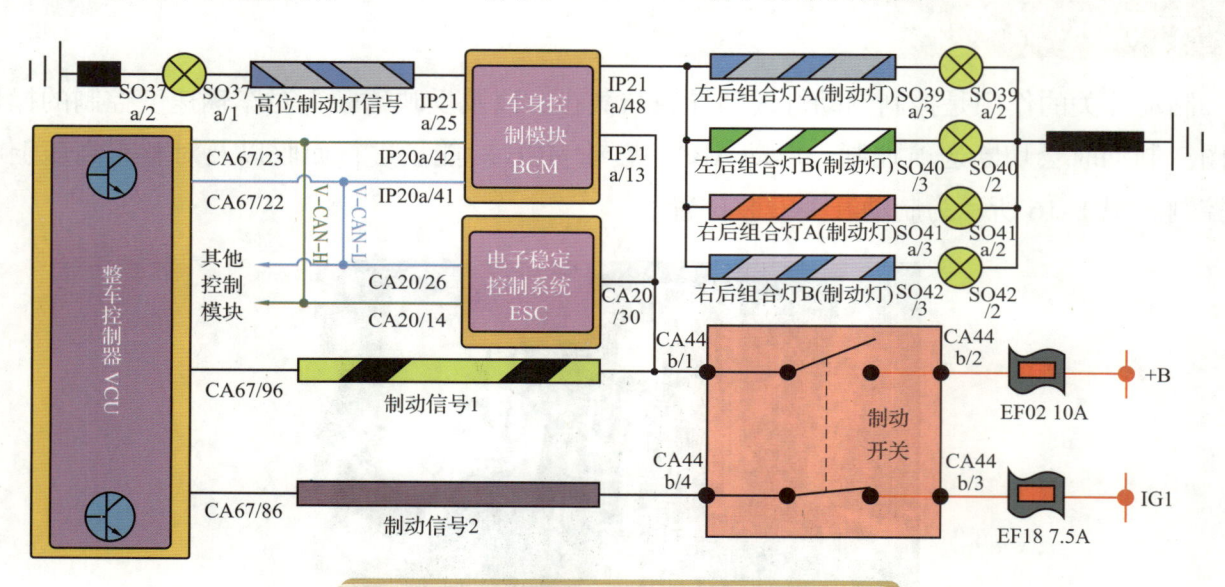

图 1-18 制动开关线路原理图

（1）不踩制动踏板、未打开点火开关时，CA44b/3 端子和 CA44b/4 端子之间触点接通，CA44b/1 端子和 CA44b/2 端子之间触点断开，CA44b/1 端子电压保持低电平，CA44b/4 端子电压也保持低电平。

（2）踩制动踏板、打开点火开关时，CA44b/3 端子和 CA44b/4 端子之间触点断开，CA44b/1 端子和 CA44b/2 端子之间触点接通，CA44b/1 端子电压切换到高电平，CA44b/4 端子电压切换到低电平。

（3）接着松开踩制动踏板，CA44b/3端子和CA44b/4端子之间触点接通，CA44b/1端子和CA44b/2端子之间触点断开，CA44b/1端子电压切换到低电平，C44b/4端子电压切换到高电平。

二、制动信号故障

如图1-18所示，VCU根据制动信号1判断车辆在上电过程中是否处于静止的安全状态，以及驾驶人对车辆速度控制意图，行驶中根据此信号控制驱动电机输出电流及能量回收功能。如果制动信号1出现故障，将导致VCU无法确定车辆是否处在静止的安全状态下，将禁止高压系统上电。

制动信号1由两条信号线路发送至VCU，一路是由专用线束直接输入至VCU，控制单元根据此信号判断车辆状态（制动踏板踩下，车辆已制动；制动踏板没有踩下，车辆处于不安全状态）；另一路信号通过制动开关信号及专用导线输送至电子稳定控制系统（ESC），ESC接收此信号后通过V-CAN输送给VCU，VCU结合这两个信号判断车辆在上电过程中的状态。如果有一个信号异常，那么整车高压系统将不会启动上电流程。

如果制动信号1对电源短路或开关触点损坏导致常闭，那么信号1电压一直处于高电位，这将导致VCU判断车辆一直处于制动状态，VCU将发送信号至MCU，MCU将控制电机输出电流且降低功率，甚至不输出电流，导致车辆无法加速或无法行驶，同时也会导致后部制动灯长亮。

制动信号2为辅助信号，VCU通过对检测到的制动信号1和2进行比对，来判断车辆当前状态是否符合运行状态，即制动踏板是否完全松开，制动力是否完全释放。如果制动信号2出现异常，那么VCU根据此信号判定制动踏板没有完全松开，制动力没有完全释放，VCU将发送信号至MCU，禁止车辆在行驶挡位中的行驶功能，驱动电机无电流输出，整车不能行驶。

如果制动信号2对电源+B短路，信号2电压一直处于高电位，这将导致受IG继电器控制的线路上一直有电，即在点火开关没有打开时，IG电源上就有电压，同时车辆仪表长亮，无法关闭。但是在点火开关没有打开时踩制动踏板，仪表会熄灭，松开制动踏板，仪表上的指示灯反而点亮。

三、制动开关故障诊断与排除工作流程

图1-19所示是制动开关故障诊断与排除工作流程。

新能源汽车综合故障诊断

```
                  制动开关故障导致低压起动不正常
                                │
                                ▼
         ┌─第一步─┐    确认辅助电池+B电压大于11.5 V，确保辅助
                    蓄电池正负极插头连接牢靠，不脏污
                    ┌───────────┴───────────┐
                   正常                   不正常
                    ▼                       ▼
         踩下制动踏板，打开点火开关至ON挡时，仪表      给辅助蓄电
         显示应正常，故障警示灯不应点亮，无警告提醒，   池充电或清
         5 s内高压继电器有动作声，"READY"灯正常     理、更换
         点亮，挡位指示灯无闪烁，且切换正常
                    │                       │
                   正常                   不正常
                    ▼                       ▼
                 维修结束         观察仪表有无操作提示，如有无
                                "请踩制动踏板起动"提示，是否显示正常
                                ┌───────────┴───────────┐
                              无提示                   有提示
                                ▼                       ▼
                   观察仪表警告灯有无闪烁、防盗喇叭有无    检查制动开关及电源、信号线路
                   激活报警、仪表有无提示防盗认证失败信息
                                │                       │
                               正常                   不正常
                                ▼                       ▼
                        连接诊断仪，读取故障码       主要检查VCU的V-CAN和无钥匙
                                                  进入及起动系统(PEPS)的天线

         ┌─第二步─┐         连接诊断仪，读取故障码
                   ┌────────────┼────────────┐
                正常读取      无法读取      无故障代码
                   ▼            ▼              ▼
              结合故障代码   检测OBD-Ⅱ诊断    进行无故障
              进行维修诊断   接口及相关线路    代码研究
                              │
                         ┌────┴────┐
                        正常      不正常
                         ▼          ▼
                   检测VCU电源   检修OBD-Ⅱ诊断接口
                                 及相关线路
                         │          │
                        正常      不正常
                         ▼          ▼
                 检测VCU通信及相关线路  检修VCU电源及相关线路
                         │
                        正常      不正常
                         ▼          ▼
                      更换VCU    检修VCU通信及相关线路
```

图 1-19 制动开关故障诊断与排除工作流程

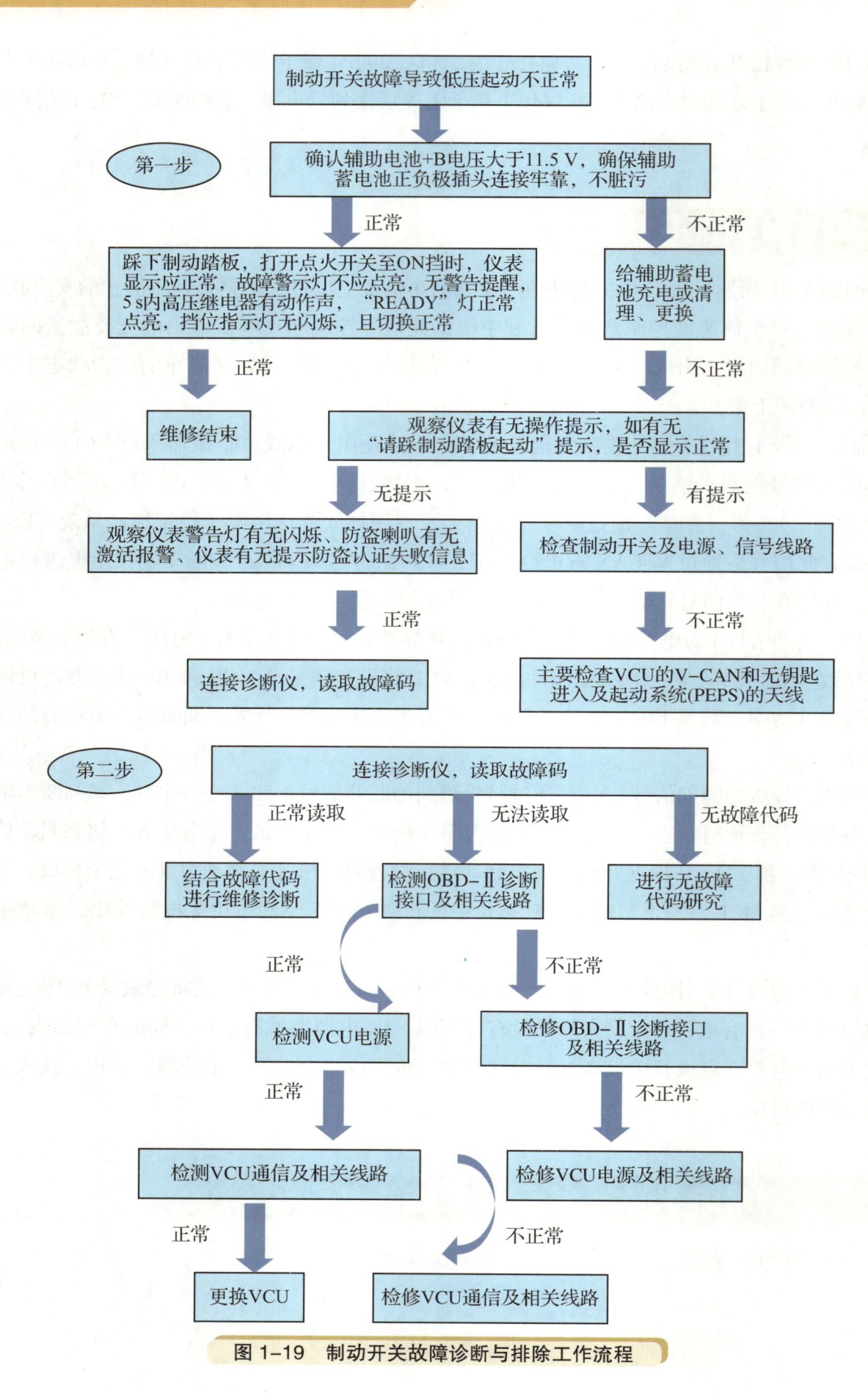

项目一　低压起动系统故障诊断与排除

1. 故障现象

吉利帝豪EV450故障现象：高压不能上电，踩下刹车后制动灯不亮，仪表无故障指示灯，故障现象如图1-20至图1-22所示。

图1-20　仪表显示异常

图1-21　踩下制动踏板

图1-22　制动灯不亮

2. 模块通信状态及故障码检查

（1）故障码文字描述。

无相关故障码。

（2）故障诊断仪显示故障。

故障诊断仪显示故障如图1-23所示。

（3）相关数据流文字描述。

无相关数据流。

（4）相关数据流故障诊断仪显示。

无相关数据流图。

3. 确认故障范围

无故障代码，需进一步测试。

图1-23　故障诊断仪显示故障

任务实施

一、安全操作规章

（1）在进行故障检测前判断周围环境是否干燥，有无灭火器材等。

（2）检测前，做好安全防护准备工作，如绝缘手套、护目镜、绝缘鞋等的检查与穿戴。

（3）在进行制动开关的故障诊断与检测操作时，做好车辆的检查工作。

（4）使用绝缘电阻测试仪、万用表等，必须提前校对仪器的准确性。

（5）对检测所获得的数据，必须认真记录，准确计算，仔细分析，保证检测的准确、快捷。

二、制动开关故障诊断与排除工具准备

制动开关故障诊断与排除工具准备清单如表1-6所示。

表1-6 制动开关故障诊断与排除工具准备清单

类型	名称	规格	图示
防护工具	绝缘手套	绝缘	
	护目镜	绝缘	
	安全帽	绝缘	
检测工具	诊断仪	X431	
	万用表	优利德	
	示波器	优利德	
	兆欧表	FLUKE	
拆装工具	工具车	绝缘	

三、制动开关故障诊断与排除

根据故障范围分步骤进行线路流程检测。

1. 检测分析

通过动作测试发现,动作执行指令下达后,刹车灯正常点亮,如图1-24、图1-25所示,说明制动开关之前的执行线路工作正常、刹车灯的灯泡元件正常,随后将检测目标确定为制动灯开关、相关线路和保险。

图1-24 动作测试数值显示"打开"

图1-25 制动灯点亮

2. 检测电路

需要检测的电路如图1-26所示。

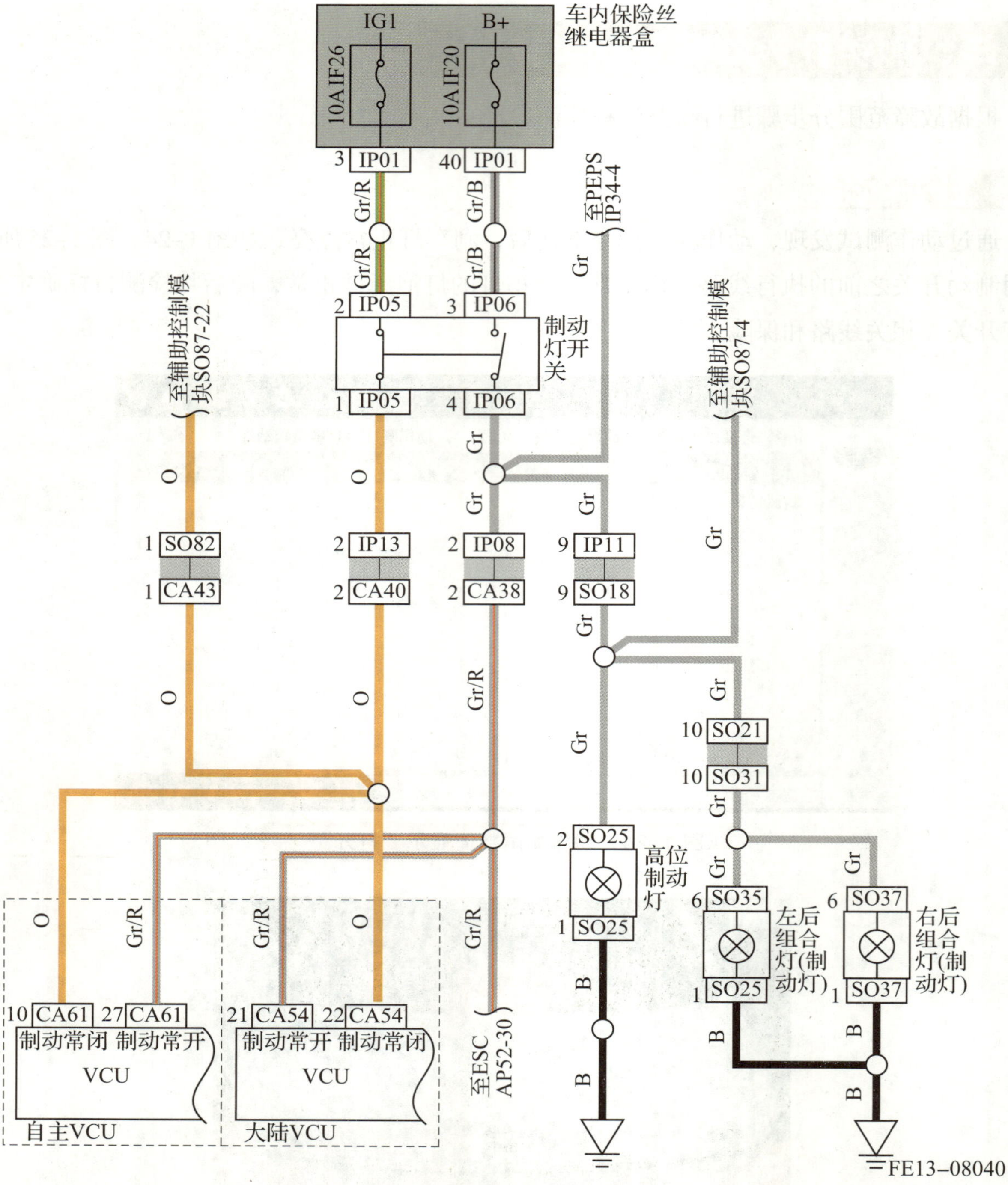

图 1-26 需要检测的电路

3. 具体检测过程

故障诊断与排除准备工作完毕之后，具体诊断过程如下。

（1）诊断过程。

整个诊断过程如图 1-27 至图 1-35 所示。

项目一　低压起动系统故障诊断与排除

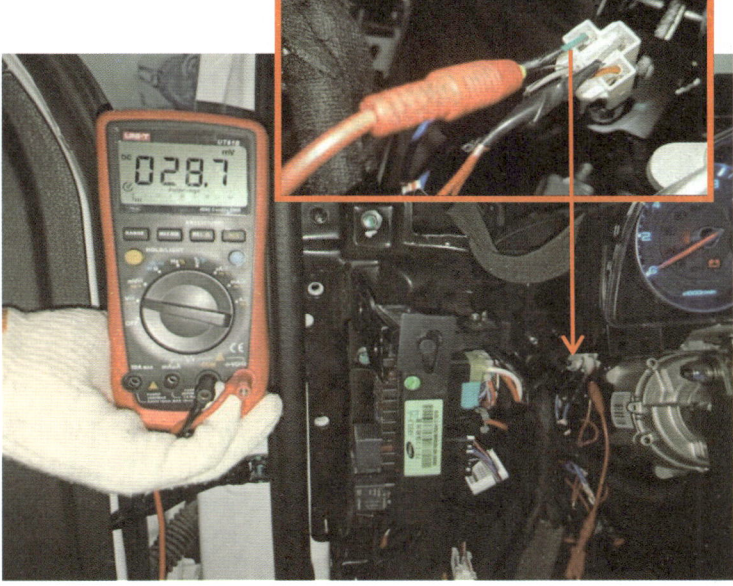

图 1-27　上电后测量背插 IP05/2 到搭铁之间的电压值（0V）

图 1-28　未踩下制动踏板时，测量 IP05 与 B+ 之间的电压正常值

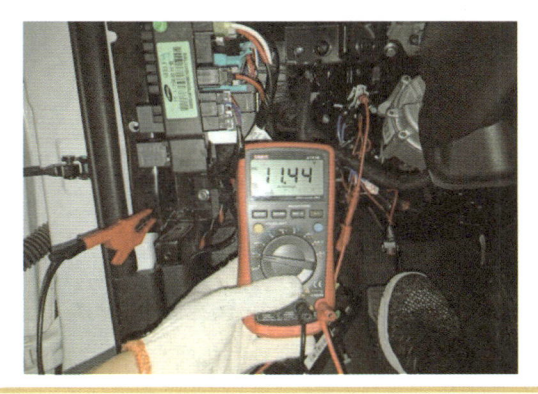

图 1-29　踩下制动踏板后，测量 IP05 与 B+ 之间的电压正常值

图 1-30　车辆下电，断开低压电源负极

图 1-31　断开高压连接部件，静置 5 min

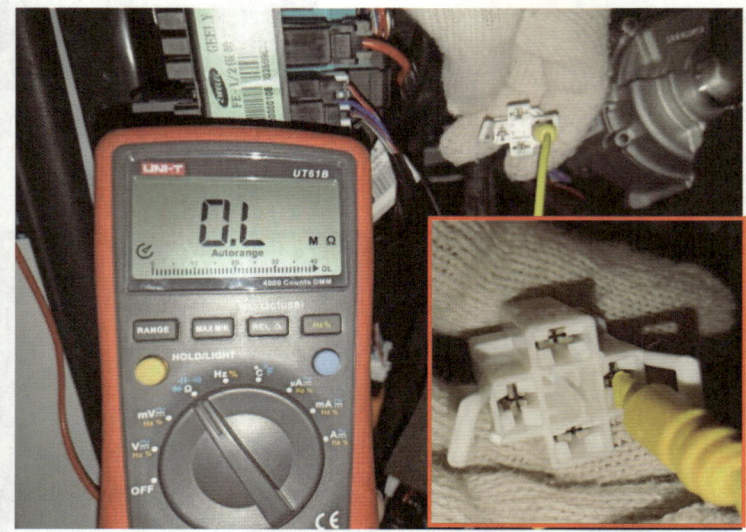

图 1-32　测量 IP05/03 到 B+ 之间的电阻值

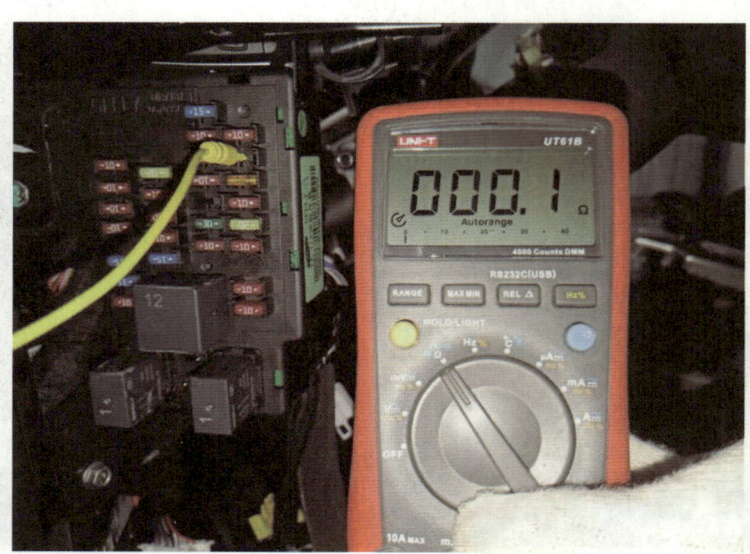

图 1-33　测量 IF20 保险输入端到 B+ 输出端的电阻值

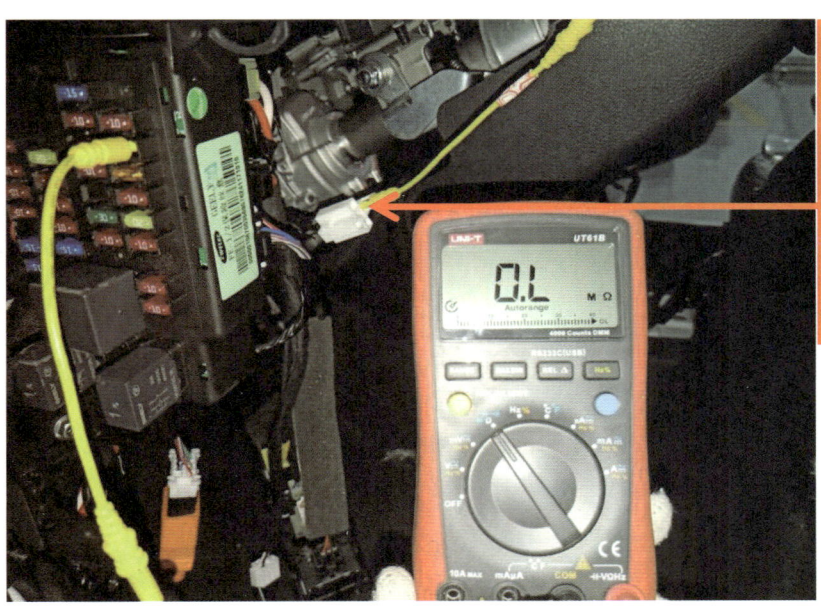

图 1-34 测量 IF20 保险输出端到 IP05/3 的电阻值

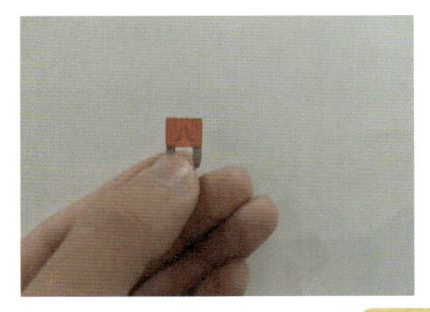

图 1-35 测量 IF20 保险元件

（2）若 IP05/4 线断路。

该故障现象同 IP05/3 线断路一致。IP05/3 线断路时，故障原因为刹车灯开关电源处断路，导致无法供电；断开 IP05/4 线时，故障原因为开关输出、PEPS、刹车灯元件无法接受供电信号。若单独断开 IP08/2 及 CA38/2 插接器时，因为 CA38/2 下端连接线路为常开状态，所以无故障现象，车辆一切正常。

（3）若单独 IP01/3 线与 IP05/2 断路或 IP05/1 与 CA54/22 断路，则这条线路在任何一处断开时都会导致车辆无法行驶，因为该线路为常闭状态，一旦断开，相当于人为踩下制动踏板。

任务评价

一、展示学习成果

二、根据评分标准团队内部和团队间交互完成质量检查

制动开关故障诊断与排除质量评价表如表 1-7 所示。

表 1-7 制动开关故障诊断与排除质量评价表

项目	检查点	评价标准	配分	检测记录 自检	检测记录 互检	得分
检测分析	对制动开关 2 个信号进行分析	分析不准确不得分	5			
检测分析	查阅电路图准确找到相关位置	操作不准确不得分	5			
检测过程	上电后测量背插 IP05/3 到搭铁之间的电压值	测量不准确不得分	10			
检测过程	未踩下制动踏板时，测量 IP05 与 B+ 之间的电压正常值	测量不准确不得分	10			
检测过程	踩下制动踏板后，测量 IP05 与 B+ 之间的电压正常值	测量不准确不得分	10			
检测过程	车辆下电，断开低压电源负极	操作不准确不得分	5			
检测过程	断开高压连接部件，静置 5 min	操作不准确不得分	5			
检测过程	测量 IP05/03 到 B+ 之间的电阻值	测量不准确不得分	10			
检测过程	测量 IF20 保险输入端到 B+ 输出端的电阻值	测量不准确不得分	10			
检测过程	测量 IF20 保险输出端到 IP05/3 的电阻值	测量不准确不得分	10			
检测过程	检测 IF20 保险元件	操作不准确不得分	10			
检测过程	故障点确认	确认不准确不得分	5			
	安全操作	违反安全规章 1 项扣 2 分（扣完为止），严重违章不得分	5			

三、学习感想交流

在博世长期垄断国内线控制动市场的背景下，比亚迪、伯特利等国产厂商，历经数年耕耘，突破国外层层技术封锁，量产出了媲美博世 IPB 和大陆 MK C1 的线控制动系统。线控制动要比线控转向和线控油门的技术难度更高，更是新能源汽车实现 L4 级以上自动驾驶的关键核心技术，彻底颠覆了传统的真空助力器，让制动系统从此摆脱对真空度的依赖，堪称真空助力刹车系统的送葬者。

比亚迪的幸运就在于王传福自始至终都保持着独立自研的决心，当比亚迪开发出国产 ESP 的时候，博世立马找上门谈判，最终以成本价供应比亚迪 ESP，但是比亚迪这时候并没有放弃面向新能源汽车 ESP 技术的研发。从 2014 年开始研发 BSC 1.0 版本，2018 年研发成功，紧接着 2019 年开始研发 BSC 2.0 版本，最终在 2021 年 6 月正式量产，这期间比亚迪突破国外技术的层层封锁，历经十年耕耘，三次技术迭代，终修成正果。

将你的感想和老师、同学进行交流吧！

四、学习过程交流

（1）展示和讲述学习过程与学习成果。
（2）交流学习，发现、分析和解决制动开关的故障诊断与检测学习过程中出现的问题。

五、学习效能评价

团队内部完成学习效能评价的自评与互评。制动开关故障诊断与排除学习效能评价表如表 1-8 所示。

表 1-8 制动开关故障诊断与排除学习效能评价表

序号	项目	内容	程度	不能的原因
1	知识学习	制动开关的功能原理	□能 □不能	
2		制动开关的电路图识读	□能 □不能	
3		制动开关的故障分析方法	□能 □不能	
4		制动开关的故障排除流程编制	□能 □不能	
5		制动开关故障排除的安全规范	□能 □不能	

续表

序号	项目	内容	程度	不能的原因
6	技能学习	制动开关检修工具设备的选择	□能 □不能	
7		制动开关的故障检测与操作	□能 □不能	
8		制动开关的故障排除与操作	□能 □不能	
9		制动开关的检修质量控制与判定	□能 □不能	
10		制动开关故障的诊断与排除	□能 □不能	
经验积累与问题解决				
经验积累				问题解决
签审	①学生评价委员会意见： 　　　　　　　　　年　月　日			评价等级认定
	②指导教师意见： 　　　　　　　　　年　月　日			

六、综合能力评价

（1）团队内部完成综合能力的自评与互评。

（2）团队间交互完成学习效能的互评。

制动开关故障诊断与排除任务综合能力评价表如表1-9所示。

表1-9　制动开关故障诊断与排除任务综合能力评价表

学习任务名称			学习时间			
班　　级			学习团队			
	评价指标	评价情况	否定结果原因	自评	互评	师评
1	学习态度	□优秀　□良好　□一般　□差				
2	知识学习	□优　□良　□中　□差				
3	技能学习	□优　□良　□中　□差				
4	流程编制	□优化　□合理　□一般　□不合理				
5	程序编制	□优化　□合理　□一般　□不合理				
6	完成时间	□提前　□准时　□延后　□未完成				
7	测验质量	□合格　□不良　□返修　□报废				

续表

评价指标		评价情况	否定结果原因	自评	互评	师评
8	成果展示	□清晰流畅 □需要补充 □不清晰流畅				
9	操作方法	□正确 □部分正确 □不正确				
10	安全规范	□很好 □好 □较好 □不好				
11	7S 管理	□很好 □好 □较好 □不好				
12	分工协作	□很好 □好 □较好 □不好				
13	沟通交流	□很好 □好 □较好 □不好				
14	问题解决	□及时 □较及时 □不及时				
15	创新精神	□优秀 □良好 □一般 □不足				
16	规划掌控	□很好 □好 □较好 □不好				

| 学习任务完成自评总结 | | 亮点 | |
| | | 缺点 | |

| 团队评价 | 团队自评 | □优 □良 □中 □差 | 团队互评 | □优 □良 □中 □差 |

学生个人评价	项目\姓名	1	2	3	4	5	6	7	8	9	10	11	12	13	14	15	16

审定意见	学习组长	指导教师	教研组长
	年 月 日	年 月 日	年 月 日

说明：（1）此表主要对学习任务中的综合能力进行评价。

（2）每一个学习任务完成后，学生必须客观、真实、公正地进行评价和填报此表，此表可作为综合学习项目的评价依据。

（3）学生个人评价在学习团队内部进行，评价指标代码对应团队考核评价指标。

拓展提升

（一）接续任务学习的准备工作布置

（1）进行项目二任务一动力电池管理系统（BMS）故障诊断与排除学习信息收集与筛选和资源的准备。

（2）进行项目二任务一动力电池管理系统（BMS）故障诊断与排除学习设备与工具的准备。

（二）拓展阅读

我们一般都了解，传统燃油车的制动系统会采用电子真空泵 EVP 系统，其中包括电动真空泵、制动主缸、传感器、ESP、线束和管路。

比亚迪将其全部高度集成为"ONEBOX"液压制动产品，并命名为弗迪动力制动安全控制系统（FinDreams Powertrain Braking Safety Control System，简称 BSC）。

BSC 的优势有以下几点。

（1）更短的制动距离。

BSC 2.0 硬件采用 600 W 的大功率电机，转速达 9 000 r/min，可在 140 ms 内建立最大制动力，响应迅速、建压压强大，相比传统燃油车的制动响应速度提升 4 倍以上，制动距离明显缩短，BSC 能将百公里制动距离缩短 3~5 m。

（2）系统更安全。

BSC 为车辆在静止时提供基础制动力 10 MPa，行车时最大允许制动力为 15 MPa，在紧急制动情况下，系统施加最大制动力为 18 MPa，实现快速停车、躲避危险，系统能产生的机械制动减速度达 4.88 m/s^2 以上，是法规要求的两倍。

（3）踏板感优越。

BSC 可提供定制化的驾驶感受，可以设定不同的"刹车脚感"，从舒适制动到运动感更强的制动体验都可以个性化选择。

（4）更舒适的空间布置。

BSC 可继承 EPB 控制器及间接式胎压监测，体积也较小，同时减少了整车布置难度。

（5）整车更节能。

BSC 系统优先电机制动，以液压制动作补偿，电液平衡减速度可达 0.5g，百公里能量回收提升 0.5 kWh 以上，带来高效的能量回收，增加续航里程的体验。BSC 2.0 在 WLTC 工况测试下，能有效提高续航里程 20%。

回到实际应用中，海豚电动车开起来能有较低的能耗水平，线性、灵敏的制动感受，还有同级别优越的乘用空间，这里也有 BSC 的一份功劳。

项目二

高压起动系统故障诊断与排除

项目描述

高压起动系统故障诊断与排除项目描述如表2-1所示。

表2-1 高压起动系统故障诊断与排除项目描述

项目名称		高压起动系统故障诊断与排除		
项目描述	企业需求	根据客户反应,吉利帝豪EV450在使用过程中,针对高压起动系统,车辆高压无法上电。那么接下来我们将通过学习解决高压起动系统部分典型故障		
	知识目标	①掌握高压上下电控制原理。 ②掌握BMS结构原理。 ③了解高压互锁线路的种类与作用。 ④掌握电路图的查询方法	学习时间	12学时
	技能目标	①能够正确运用万用表、示波器、诊断仪等常见设备。 ②能够准确对线路原理图进行识读和分析。 ③能够对常见高压不上电故障进行诊断与排除。 ④具备新标准、新政策的学习能力		
	素养目标	①提高与时俱进、不断学习的意识。 ②增强创新意识。 ③培养工匠精神,关怀客户切身利益		

吉利帝豪EV450高压供电系统由动力蓄电池经车载充电器分线盒为电机控制器PEU、驱动电机、电动空调压缩机、PTC加热器等高压部件提供能量。此外,动力电池还有一套直流快充充电系统和一套交流慢充充电系统。

1. 动力蓄电池

动力蓄电池是纯电动汽车三大核心部件之一。吉利帝豪 EV450 动力电池采用三元锂电池。动力蓄电池主要由各模组总成、CSC 采集系统、电池控制单元（BMU）、电池高压分配单元（B-BOX）等部件组成，动力蓄电池包总成安装在车体下部，封装在箱体内。

2. 高压配电系统

高压配电系统是纯电动汽车三大核心系统之一。吉利帝豪 EV450 的高压配电系统安装在前舱，由车载充电器分线盒承载，主要集成了 OBC 和高压电能的分配两个部分，高压配电系统在车上的分布如图 2-1 所示。

图 2-1 高压配电系统在车上的分布

3. 电机控制系统

电机控制系统如图 2-2 所示，包含 DC-DC 变换器和电机控制器两部分。

图 2-2 电机控制系统

DC-DC 变换器的功能是将动力蓄电池的高压直流电转换为整车低压 12 V 直流电，给整车低压用电系统供电及铅酸蓄电池充电。

电机控制器采用 CAN 通信控制，控制着动力电池组到电机之间能量的传输，同时采集电机位置信号和三相电流检测信号，精确控制驱动电机运行。

4. 驱动电机

驱动电机是纯电动汽车三大核心系统之一，安装在车体下部位置，驱动电机是车辆行驶的主要执行机构，其特性决定了车辆的主要性能指标，直接影响车辆动力性、经济性和舒适性，如图 2-3 所示。

图 2-3 驱动电机

5. 空调与暖风系统

空调与暖风系统如图 2-4 所示，吉利帝豪 EV450 的空调与暖风系统安装在前舱，使用的是高压电动空调，电动空调压缩机用于制冷循环，主要作用是将从蒸发器来的低温低压气体压缩成高温高压气体，为整个制冷系统提供源动力。暖风系统采用 PTC 加热丝进行加热。

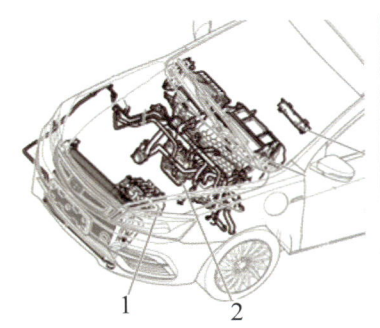

（a）空调与暖风系统的安装位置
1—空调压缩机；2—PTC 加热器

（b）空调压缩机

（c）PTC 加热器

图 2-4 空调与暖风系统

6. 充电系统

充电系统从功能上分为快充、慢充、低压充电、制动能量回收四项。图 2-5 所示是交流充电口、直流充电口，以及它们在车身的位置。

（a）充电系统在车身的位置
1—交流充电口；2—直流充电口

（b）交流充电口

（c）直流充电口

图 2-5　充电口的位置

任务一　动力电池管理系统（BMS）故障诊断与排除

任务描述

吉利帝豪 EV450 电动汽车无法正常行驶，打开点火开关，高压不上电，"READY" 指示灯不亮，请在约定时间内对车辆进行诊断与维修，并给客户提出用车建议。

知识准备

一、高压上、下电控制原理

为了确保整车上、下电的安全性和可靠性，必须严格定义各电气部件的上、下电流程，且各电气部件的上、下电状态必须经各控制器及时反馈给 BMS、进行"握手"确认后再执行下一步上、下电操作，避免产生意外事故。

1. 上电模式

当 BMS 同时监测到点火开关的高压上电信号（Key-ST 信号），以及制动开关信号即 WAKE-UP 信号后，BCM 接通 ACC、IG1、IG2 继电器，低压上电，整车进入低压上电及低压检测模式，同时唤醒所有 CAN 总线。

在此阶段，BMS、VCU、OBC、DC-DC 变换器/MCU、空调压缩机控制器、PTC 加热器被 CAN 唤醒起动自检模式，内部低压自检，并各自读取系统故障代码，同时检测各自高压互锁是否完整，单体蓄电池循环检测。如果此时低压自检、某单元内部出现严重故障代码、高压互锁、单体蓄电池（温度、电压）、CAN 通信、动力系统防盗有一项异常时，将停止上电流程，且系统生成并存储故障代码，同时将故障信号通过 CAN 总线发送至组合仪表，组合仪表显示故障信号或点亮故障信号指示灯。

在以上检测完成且正常后，BMS 闭合主负继电器，并对以上信号持续检测。同时对主负继电器断路、预充电阻断路、预充继电器粘连、主正继电器粘连进行检测，若检测成功，则闭合预充接触器。

由于电机及高压线路中包括容性、感性元件，为防止过大的电流对这些元件造成冲击，如果主负继电器闭合后检测成功，即闭合预充继电器，进入预充电状态。

在预充阶段，BMS 对预充继电器断路、整车高压绝缘进行检测。如果此时 BMS 检测到预充继电器断路或整车高压绝缘异常，将停止上电流程，且系统生成并存储故障代码，同时将故障信号通过 CAN 总线发送至组合仪表，组合仪表显示故障信号或点亮故障信号指示灯。

当预充电阻两端电压达到母线电压的 90% 时，BMS 闭合主正继电器，并对主正继电器断路进行检测。如果检测通过，断开预充继电器进入放电模式。BMS 通过 P-CAN 向 VCU 发送系统准备完成、高压系统已上电信号，组合仪表接收 VCU 发送的信号后，点亮仪表上绿色"READY"指示灯，上电开始。如果此时 BMS 检测主正继电器异常，将停止上电流程，且系统生成并存储故障代码，同时将故障信号通过 CAN 总线发送至组合仪表，组合仪表显示故障信号或点亮故障信号指示灯。

目前纯电动汽车的低压电源由 12 V 的铅酸低压蓄电池提供，不仅要为低压控制系统供电，还要为助力转向电机、刮水器电机、安全气囊及后视镜调节电机等提供电源。为保证低压蓄电池能持续为 VCU 供电，低压蓄电池需要有充电电源，DC-DC 变换器即可满足这一需求。因此，当点火开关打开或车辆充电时，主正继电器闭合即高压上电完成后，启动 DC-DC 变换器，以保证低压电源持续供电。

2. 下电模式

在车辆下电时，BCM 接收点火开关 OFF 命令，通过 V-CAN 总线发送至 VCU，VCU 解析信号后通过 P-CAN 发送至 BMS 以及 DC-DC 变换器和 MCU、OBC 等。BMS 接收点火开关 OFF 命令，依次断开主正和主负继电器，高压下电。

动力蓄电池高压下电后，BMS 将高压下电信号通过 P-CAN、VCU、V-CAN 总线发送至 BCM，BCM 接收此信号后，断开 ACC、IG1、IG2 继电器，低压下电，整车进入下电模式。

二、BMS 功能原理

1. 结构组成

动力蓄电池是电动汽车动力能源，为整车驱动和其他用电器提供电能，图 2-6 所示为动力蓄电池组成结构。

图 2-6 动力蓄电池组成结构

2. 基本参数

（1）蓄电池容量：150（1C）Ah。

（2）数量：17 组。

（3）单体蓄电池数量：95 个。

（4）充电截止电压：4.3 V。

（5）额定电压：346 V。

（6）单体蓄电池标称电压：3.65 V。

（7）放电截止电压：2.8 V。

（8）额定功率：50 kW。

（9）放电截止电压：266 V。

3. 功能原理

BMS 的主要功能有充放电管理、继电器控制、功率控制、蓄电池异常状态报警和保护、SOC/SOH 计算、自检，以及通信功能等。

从 BMS 线路原理（见图 2-7）中可以看出，单元电源由两路供给：一路由辅助蓄电池正极通过熔丝 EF01（10 A）给单元 CA69/1 端子提供常电，通过单元端子 CA69/2 搭铁，构成回路；一路由 IG2 继电器通过熔丝 IF18（10 A）给单元 CA69/7 端子提供点火开关电源，通过单元端子 CA69/2 搭铁，构成回路。

由于新能源整车控制电源在设计时就有特殊需求，即 BMS 既要参与点火开关打开后的工作及通信，还要满足车辆在点火开关关闭、充电时的 BMS 工作及通信需求，所以 BMS 的 +B 电源作用就是保证在这两个状态时 BMS 能正常启动及通信。如果此 +B 电源出现故障，那么将导致 BMS 启动及通信失败，致使整车高压上电失败。

BMS 的 IG 电源，在此车辆上主要作为 BMS 的唤醒信号，和 CAN 总线唤醒为冗余关系，同时作为 BMS 低压下电后启动休眠模式的时间参考信号。若此电源出现故障，BMS 则通过 P-CAN 接收和判别点火开关状态，同时利用 +B 电源作为功率电源供电。

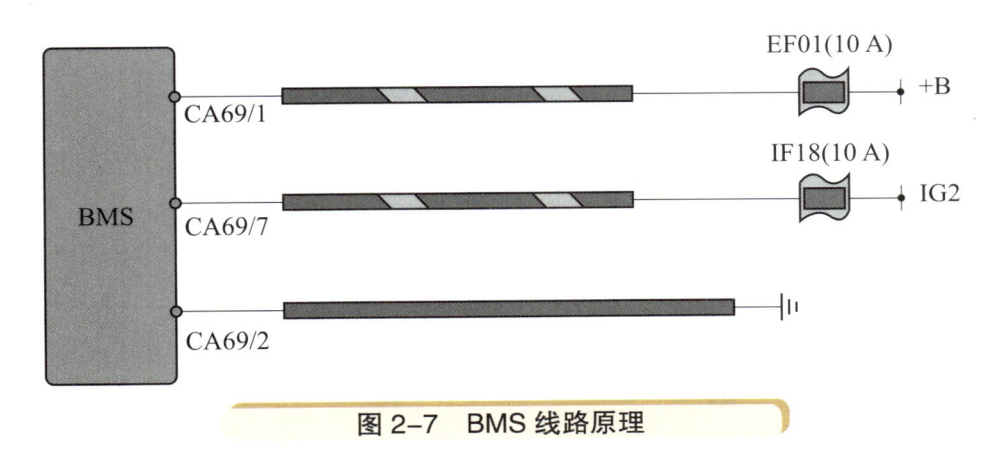

图 2-7 BMS 线路原理

三、BMS 故障检测验证工作流程

图 2-8 所示为 BMS 故障检测与诊断工作流程。

```
                    ┌─────────────────────────┐
                    │  BMS故障造成无法上电    │
                    └───────────┬─────────────┘
                                │
                    ┌───────────▼─────────────────────────┐
      (第一步)      │ 确认辅助电池+B电压大于11.5 V,确保辅助 │
                    │    蓄电池正负极插头连接牢靠,不脏污   │
                    └──────┬──────────────────────┬───────┘
                      正常 │                      │ 不正常
   ┌─────────────────────▼───────────┐    ┌──────▼──────┐
   │ 踩下制动踏板,打开点火开关至ON挡时,仪表显示应  │    │ 给辅助蓄电 │
   │ 正常,故障警告灯不应点亮,无警告提醒,5 s内高压 │    │ 池充电或清 │
   │ 继电器有动作,"READY"灯应正常点高,挡位指示    │    │ 理、更换   │
   │ 灯无闪烁,且切换正常,车辆行驶正常             │    └──────┬──────┘
   └────────────┬──────────────────────────────┘           │ 不正常
          正常  │                                           │
     ┌─────────▼──┐    ┌──────────────────────────────────┐
     │  维修结束  │    │ 观察仪表有无操作提示,如有无       │
     └────────────┘    │ "请踩制动踏板起动"提示,是否显示正常│
                       └────────┬─────────────────┬───────┘
                           无提示│                 │有提示
              ┌─────────────────▼──────┐   ┌──────▼───────────────┐
              │ 观察仪表警告灯有无闪烁、防盗喇叭有无│   │ 检查制动开关及电源、信号线路│
              │ 激活报警、仪表有无提示防盗认证失败信息│   └──────┬───────────────┘
              └────────┬───────────────┘          │不正常
                  正常 │                          │
              ┌────────▼──────────┐      ┌───────▼─────────────┐
              │ 连接诊断仪,读取故障码│      │ 主要检查VCU的V-CAN和无钥匙│
              └────────────────────┘      │ 进入及起动系统与天线 │
                                          └───────────────────────┘

                    ┌─────────────────────────┐
      (第二步)      │  连接诊断仪,读取故障码  │
                    └──┬──────────┬──────────┬┘
              正常读取 │     无法读取│          │无故障代码
            ┌─────────▼──┐ ┌──────▼─────┐ ┌───▼──────────┐
            │ 结合故障代码│ │检测OBD-Ⅱ诊断│ │ 进行无故障代码│
            │ 进行维修诊断│ │接口及相关线路│ │  维修诊断    │
            └──────┬─────┘ └──────┬─────┘ └──────────────┘
              正常 │          不正常│
         ┌────────▼───────┐  ┌────▼──────────────┐
         │检测BMS电源及相关线路│  │检修OBD-Ⅱ诊断接口│
         └────────┬───────┘  │   及相关线路      │
              正常 │          └────┬──────────────┘
         ┌────────▼───────┐        │不正常
         │检测BMS通信及相关线路│  ┌────▼──────────┐
         └──┬──────────┬──┘    │检修BMS电源及相关线路│
       正常 │      不正常│      └───────────────┘
       ┌────▼───┐  ┌────▼──────────────┐
       │更换BMS │  │检修BMS通信及相关线路│
       └────────┘  └────────────────────┘
```

图 2-8 BMS 故障检测与诊断工作流程

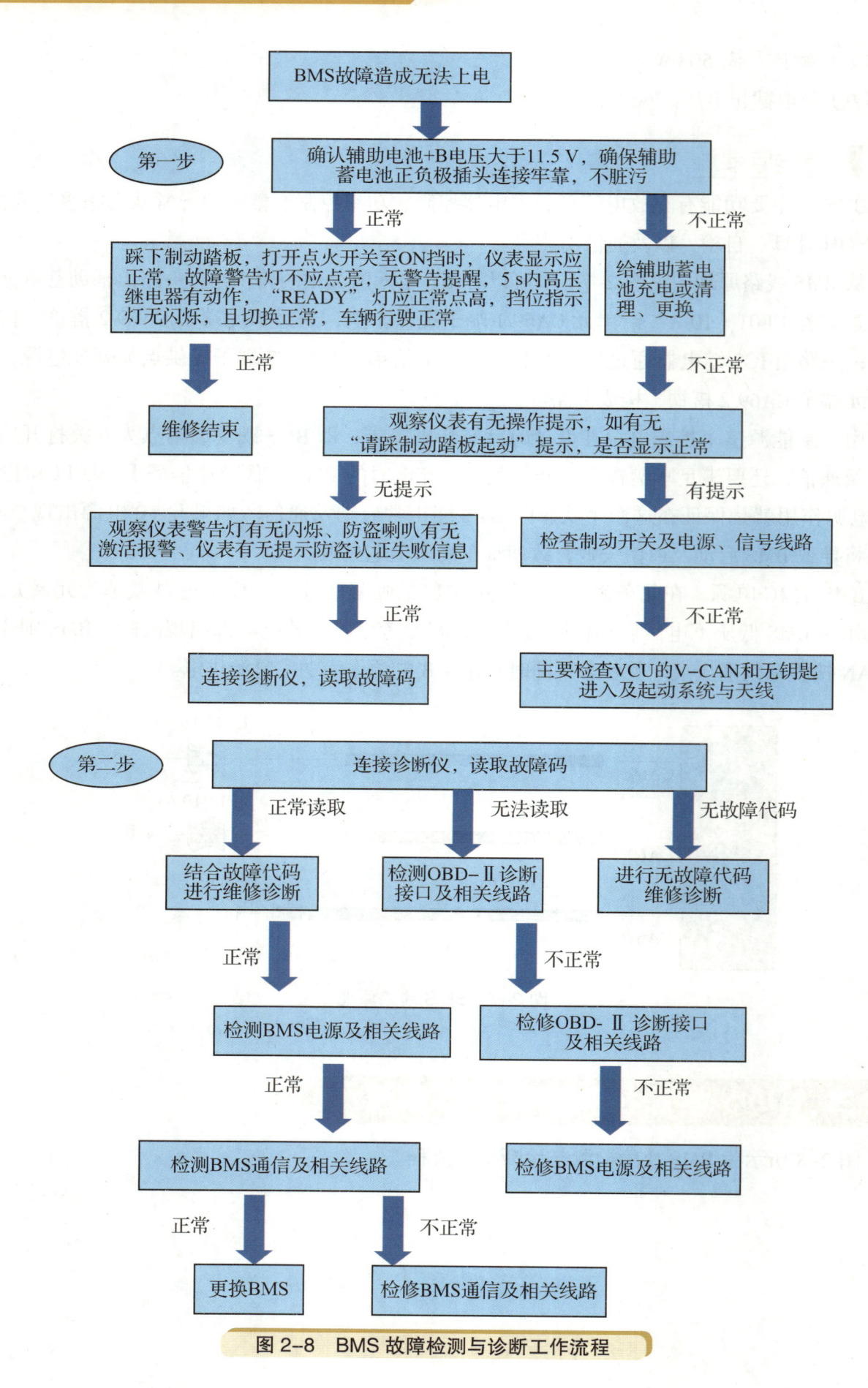

图 2-9 所示为 BMS 线路原理，根据 BMS 结构与工作原理可知，BMS 对外主要由电源线路、通信线路和快充线路组成。

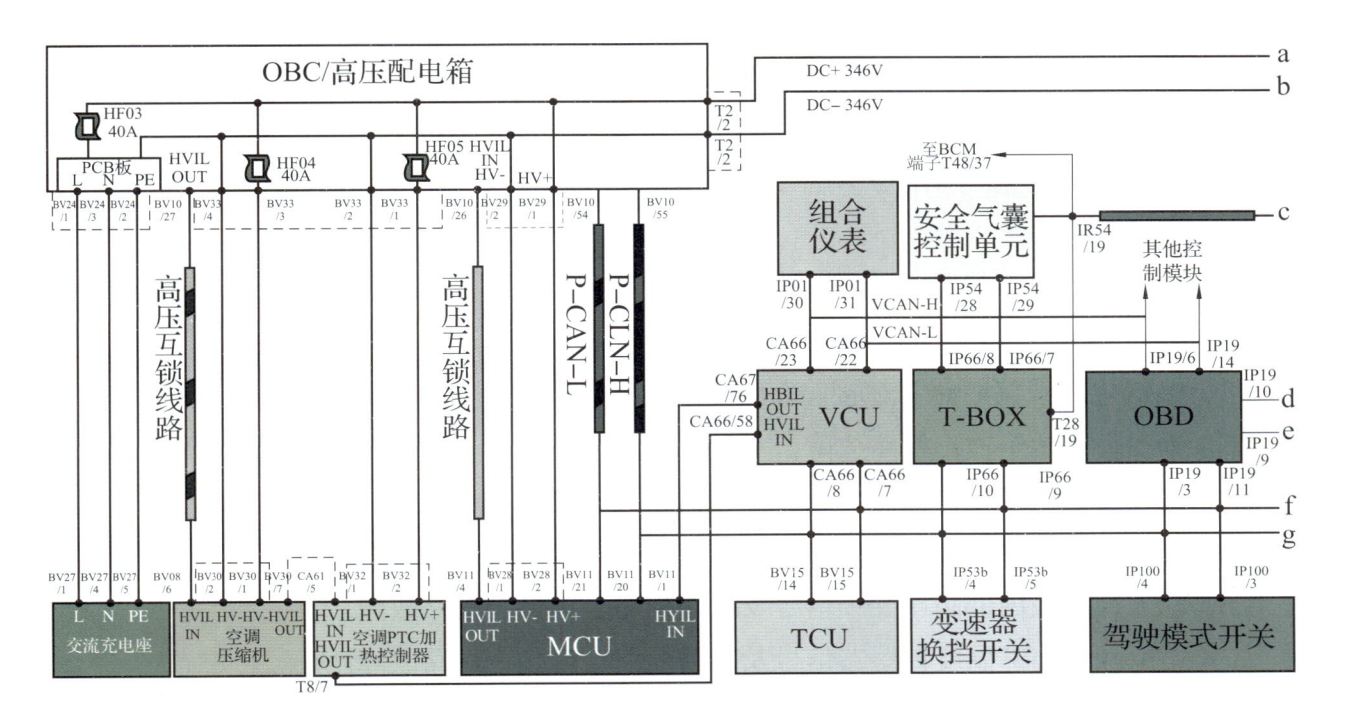

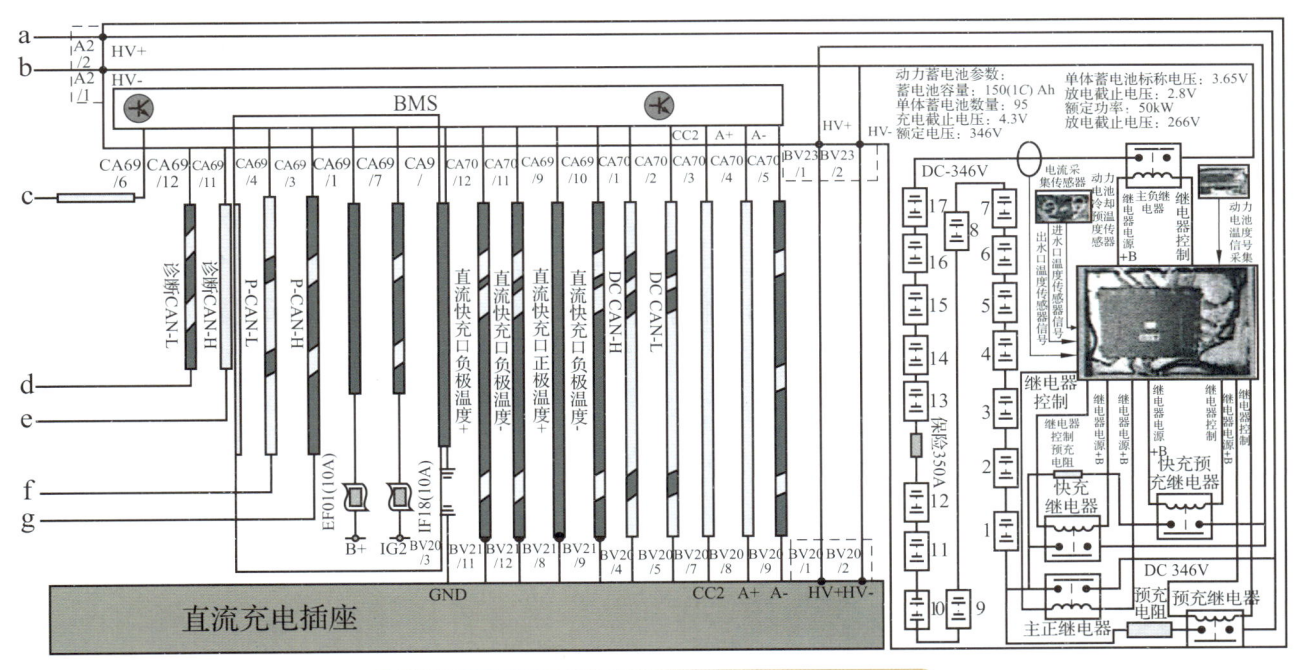

图 2-9 BMS 线路原理

BMS 及动力蓄电池组作为车辆运行的能量储备及输送单元，其安全监测和故障处理机制条件非常高，因此在车辆准备起动及正常运行时，BMS 是决定车辆高压是否上电的主要条件之一。如果 BMS 出现故障，将造成整车其他控制单元无法获知蓄电池电量，同时 BMS 无法获知高压系统连接的完整性、其他高压系统的绝缘状态、车辆准备状态，以及车辆运行状态

（行驶、充电），造成 BMS 无法控制内部主正、主负、预充继电器的动作，致使高压不上电，同时车辆行驶及其他辅助功能也将受限。

　　动力蓄电池内部温度、单体蓄电池电压、蓄电池组电流是衡量蓄电池组健康（SOH）的主要因素，单体温度、单体电压和蓄电池组电流由数据采集单元采集并监控，同时数据采集单元还对蓄电池组单体蓄电池电压进行均衡，使所有单体蓄电池电压达到一致性。如果系统出现故障，BMS 有可能启动保护功能，导致输出电量受限，严重时为了蓄电池及车辆安全，中断整车高压上电。

　　BMS 常见的故障现象是车辆上电失败或输出功率受限，其成因主要包括以下几点。

（1）至 BMS 的 CAN 总线断路、虚接或短路故障。

（2）BMS 电源线路断路、虚接、短路或其自身故障。

（3）动力蓄电池组输出线路故障。

（4）动力蓄电池组内部电流、电压传感器或其线路断路、虚接、短路故障。

（5）动力蓄电池组内部主正、主负、预充继电器控制线路，以及自身故障。

（6）动力蓄电池内部高压互锁信号及线路断路、虚接、短路故障。

（7）蓄电池组内部温度传感器信号及线路断路、虚接、短路故障。

（8）BMS 对蓄电池进行过温保护。

（9）BMS 对蓄电池进行过电压保护。

（10）BMS 对蓄电池进行过电流保护。

（11）动力蓄电池电量过低，导致整车无法起动。

　　在对 BMS 及动力蓄电池组做故障分析时，要结合系统线路和观察到的现象进行认真分析，逐步缩小故障范围。动力蓄电池由于技术和安全问题，不允许打开，只有厂家专业人员才被允许打开动力蓄电池组进行诊断和检修，所以只对动力蓄电池组外部线路及信号做诊断分析。

任务实施

一、安全操作规章

（1）在进行故障检测前判断周围环境是否干燥，有无灭火器材等。

（2）检测前，做好安全防护准备工作，如绝缘手套、护目镜、绝缘鞋等的检查与穿戴。

（3）在进行 BMS 故障的诊断与排除操作时，做好车辆充电系统的检查工作。

（4）使用绝缘电阻测试仪、万用表等，必须提前校对仪器的准确性。

（5）对检测所获得的数据，必须认真记录，准确计算，仔细分析，保证检测的准确、快捷。

二、BMS 故障诊断与排除工具准备

BMS 故障诊断与排除工具准备清单如表 2-2 所示。

表 2-2　BMS 故障诊断与排除工具准备清单

类型	名称	规格	图示
防护工具	绝缘手套	绝缘	
	护目镜	绝缘	
	安全帽	绝缘	
检测工具	诊断仪	X431	
	万用表	优利德	
	示波器	优利德	
	兆欧表	FLUKE	
拆装工具	工具车	绝缘	

三、BMS 故障诊断与排除

1. 读取故障代码

连接诊断仪至 OBD 诊断接口后，通过使用诊断仪与 BMS 进行通信，显示未连接成功。

43

通过使用诊断仪与 VCU 连接，在 VCU 内部读取到故障代码——U011287（与 BMS 通信丢失）。

记录当前诊断仪上的故障代码信号，断开连接至车辆的充电设备，通过诊断仪清除故障代码。清除故障代码后，将诊断仪从 VCU 内退出。

打开点火开关，如果故障现象消失，车辆正常上电，则可能为系统故障代码保护，造成 VCU 进入功能性保护模式，车辆无法上电；如果车辆不能上电，且现象依旧存在，则通过诊断仪读取故障代码，并和先前的故障代码进行比对。如果减少，减少的可能为偶发历史故障。如果增加，增加的可能为当前系统关联性故障。

2. 故障代码分析

读取并确认故障代码后，需对故障代码设置和产生的条件进行分析。

诊断仪和 BMS 无法通信，但和 VCU 通信正常，且读取到 U011287（与 BMS 通信丢失）的故障代码。VCU 和 BMS 通过 P-CAN 总线进行通信，要保证它们之间的通信，首先要满足 VCU、BMS 供电电源正常，其次是 P-CAN 总线连接正常，无虚接、断路、短路等故障，同时两个单元内部元件及 PCB 板线路正常。

根据故障代码定义可知，BMS 在点火开关打开时未工作，导致这个故障的可能原因有以下几点。

（1）BMS 常火供电线路（断路、虚接、短路）故障。

（2）BMS 与 VCU 之间 P-CAN 总线（断路、虚接、短路）故障。

（3）BMS 自身故障。

为了进一步确认故障部位，可关闭点火开关，移除辅助蓄电池负极 1 min 以上，然后复位。踩制动踏板打开点火开关，如果此时仪表上其他信号没有变化，只是动力蓄电池 SOC 信号值丢失，动力蓄电池低电量指示灯（黄色）亮起（如图 2-10 中左侧椭圆圈位置所示），即可确认 BMS 的通信 CAN 总线出现异常，导致 BMS 和 VCU 无法通信，蓄电池电量丢失，动力蓄电池故障灯点亮。

图 2-10 仪表信号显示图

结合以上现象，动力蓄电池及 BMS 控制的外围控制及通信线路故障可能由以下一项或多项造成。

（1）BMS 的 P-CAN 通信信号及线路断路、虚接、短路故障。

（2）BMS 电源 +B 线路断路、虚接、短路故障。

为了确认是 BMS 自身故障导致控制单元无法通信，还是 CAN 总线系统故障导致控制单元无法通信，最好的方法就是用示波器测量 BMS 控制单元端的 CAN 总线波形。

3. 测量 BMS 控制单元端的 CAN 总线波形

测量 BMS 控制单元端的 CAN 总线波形。

4. 线路测试

（1）测量 BMS 的常火供电电压。

（2）测量 BMS +B 供电线路输入端对地电压。

（3）测量 BMS +B 供电线路熔丝两端对地电压。

（4）测量 BMS 搭铁端对地电压。

（5）测量 BMS 电源线路对地电阻。

（6）线路导通性测试。

①测试 BMS 端子 CA69/1 和熔丝 EF01（10A）之间线路的导通性。

②测试 BMS 端子 CA69/2 和搭铁点之间的导通性。

5. 诊断结论验证

（1）将点火开关置于"OFF"（关闭）位置。

（2）安装所有诊断时拆下或更换的部件及插接器。

（3）诊断时，对拆除过或更换过的部件及单元，根据需要执行调整、编程或设置程序。

（4）将点火开关置于"ON"（打开）位置。

（5）清除故障代码。

（6）关闭点火开关 60 s。

（7）踩下制动踏板，打开点火开关，车辆仪表显示正常，切换至 D 位或 R 位进行试车，车辆运行正常。

（8）维修结束。

6. 故障机理分析

如果 BMS 电源线路或 P–CAN 通信线路存在故障，造成 BMS 无法启动运行及信号传输，将会使 VCU 无法正常接收到 BMS 发送的动力蓄电池电量、电压、故障、温度等状态信号，从而无法确认动力蓄电池的工作状态，VCU 启动整车保护功能，导致整车高压系统不上电。

任务评价

一、展示学习成果

二、根据评分标准团队内部和团队间交互完成质量检查

BMS 故障诊断与排除质量评价表如表 2-3 所示。

表 2-3　BMS 故障诊断与排除质量评价表

项目	检查点	评价标准	配分	检测记录 自检	检测记录 互检	得分
检测分析	读取故障代码	读取不准确不得分	5			
检测分析	故障代码分析	分析不准确不得分	5			
测量过程	测量 BMS 控制单元端的 CAN 总线波形	测量不准确不得分	10			
测量过程	测量 BMS 常火供电电压	测量不准确不得分	10			
测量过程	测量 BMS +B 供电线路输入端对地电压	测量不准确不得分	10			
测量过程	测量 BMS +B 供电线路熔丝两端对地电压	测量不准确不得分	10			
测量过程	测量 BMS 搭铁端对地电压	测量不准确不得分	10			
测量过程	测量 BMS 电源线路对地电阻	测量不准确不得分	10			
测量过程	测试 BMS 端子 CA69/1 和熔丝 EF01（10A）之间线路的导通性	测试不准确不得分	10			
测量过程	测试 BMS 端子 CA69/2 和搭铁点之间的导通性	测试不准确不得分	10			
测量过程	故障点确认	确认不准确不得分	5			
	安全操作	违反安全规章 1 项扣 2 分（扣完为止），严重违章不得分	5			

三、学习感想交流

2022年，全球最大的动力电池企业——宁德时代发布了麒麟电池，该项电池技术在进一步提升能量密度之余，最重大的技术突破就是革新性地提升了快充技术，实现了史无前例的10分钟可充满80%电量，让电动汽车充电如加油一样便捷。

目前全球动力电池行业形成了"一超两强"的格局。"一超"是指中国，"两强"是指日本和韩国。其中，中国在动力电池行业位居第一名，宁德时代更已多年位居全球第一。近年来，日本和韩国都在加速发展动力电池，希望在动力电池行业挑战中国同行。

宁德时代取得动力电池技术的革新将有望帮助它赢得美国电动汽车领军者更多动力电池订单，同时宁德时代还将助力中国电动汽车企业与美国电动汽车领军者竞争。如今，中国市场已成为全球最大的电动汽车市场，涌现了一大批电动汽车企业，动力电池是电动汽车的核心技术，本土企业加强合作将挑战美国电动汽车领军者。

将你的感想和老师、同学进行交流吧！

四、学习过程交流

（1）展示和讲述学习过程与学习成果。
（2）交流学习，发现、分析和解决BMS故障的检测与诊断学习过程中出现的问题。

五、学习效能评价

团队内部完成学习效能评价的自评与互评。BMS故障诊断与排除学习效能评价表如表2-4所示。

表2-4 BMS故障诊断与排除学习效能评价表

序号	项目	内容	程度	不能的原因
1	知识学习	高压上、下电控制原理	□能 □不能	
2		BMS的电路图识读	□能 □不能	
3		BMS的故障分析方法	□能 □不能	
4		BMS的故障排除流程编制	□能 □不能	
5		BMS故障排除的安全规范	□能 □不能	

续表

序号	项目	内容	程度	不能的原因
6	技能学习	BMS 工具设备的选择	□能 □不能	
7		BMS 的故障检测与操作	□能 □不能	
8		BMS 的故障排除与操作	□能 □不能	
9		BMS 的检修质量控制与判定	□能 □不能	
10		BMS 故障的诊断与排除	□能 □不能	
经验积累与问题解决				
经验积累			问题解决	
签审	①学生评价委员会意见： 　　　　　　　　年　月　日 ②指导教师意见： 　　　　　　　　年　月　日			评价等级认定

六、综合能力评价

（1）团队内部完成综合能力的自评与互评。

（2）团队间交互完成学习效能的互评。

BMS 故障诊断与排除任务综合能力评价表如表 2-5 所示。

表 2-5　BMS 故障诊断与排除任务综合能力评价表

学习任务名称			学习时间			
班　　级			学习团队			
评价指标		评价情况	否定结果原因	自评	互评	师评
1	学习态度	□优秀　□良好　□一般　□差				
2	知识学习	□优　□良　□中　□差				
3	技能学习	□优　□良　□中　□差				
4	流程编制	□优化　□合理　□一般　□不合理				
5	程序编制	□优化　□合理　□一般　□不合理				
6	完成时间	□提前　□准时　□延后　□未完成				
7	测验质量	□合格　□不良　□返修　□报废				

续表

评价指标		评价情况	否定结果原因	自评	互评	师评
8	成果展示	□清晰流畅　□需要补充　□不清晰流畅				
9	操作方法	□正确　□部分正确　□不正确				
10	安全规范	□很好　□好　□较好　□不好				
11	7S管理	□很好　□好　□较好　□不好				
12	分工协作	□很好　□好　□较好　□不好				
13	沟通交流	□很好　□好　□较好　□不好				
14	问题解决	□及时　□较及时　□不及时				
15	创新精神	□优秀　□良好　□一般　□不足				
16	规划掌控	□很好　□好　□较好　□不好				
学习任务完成自评总结			亮点			
			缺点			
团队评价		团队自评　□优　□良　□中　□差	团队互评　□优　□良　□中　□差			

学生个人评价	项目 姓名	1	2	3	4	5	6	7	8	9	10	11	12	13	14	15	16

审定意见	学习组长	指导教师	教研组长
	年　月　日	年　月　日	年　月　日

说明：（1）此表主要对学习任务中的综合能力进行评价。

（2）每一个学习任务完成后，学生必须客观、真实、公正地进行评价和填报此表，此表可作为综合学习项目的评价依据。

（3）学生个人评价在学习团队内部进行，评价指标代码对应团队考核评价指标。

拓展提升

（一）接续任务学习的准备工作布置

（1）进行任务二高压互锁线路故障诊断与排除学习信息收集与筛选和资源的准备。

（2）进行任务二高压互锁线路故障诊断与排除学习设备与工具的准备。

（二）拓展阅读

除了宁德时代这样的电池企业，整车企业如比亚迪、广汽、上汽、长城等都拥有自己的动力电池研发技术。在电池新材料尚未突破之际，这些带着不同名称的电池技术，实际上主要是在电池结构上进行创新，这也是新能源汽车企业的重要抓手之一。各家汽车企业希望通过电池结构的优化创新，来提高电动汽车的续航能力、快充速度和性能表现，以及电池的安全性。那么，这些百花齐放的电池技术究竟怎么样？它们各自的优势又有哪些？

目前国内乃至全球的动力电池"龙头老大"——宁德时代，2019年在全球首创无模组电池包，也就是第一代CTP技术。传统电池采用电芯－模组－电池包的装配模式，CTP则直接将大量电芯串并联在一起集成为电池包，省略了模组。

由于取消了包裹在电芯外的模组，电池包有了更多空间排列电芯，提升了电池包体积利用率，系统能量密度得以增加，从而提升了车辆的续航里程。当时，该技术使电池包体积利用率突破了50%。此后，CTP成为国内电池企业布局的重点。

项目二 高压起动系统故障诊断与排除

任务二 高压互锁线路故障诊断与排除

任务描述

吉利帝豪 EV450 电动汽车车主反映，车辆起动时出现"READY 灯不亮、动力系统故障灯点亮"故障，请在约定时间内对车辆进行诊断与维修，并给客户提出用车建议。

知识准备

一、高压互锁线路的功能与种类

高压互锁的目的是确认整个高压系统的完整性，当高压系统回路断开或完整性受到破坏时，就需要启动安全措施。高压互锁的存在，可以在高压总线上电之前，就知道整个系统的完整性。也就是说，在动力蓄电池系统主、负继电器闭合给电之前就防患于未然。

1. 高压互锁线路插接器的结构

图 2-11 所示为高压插接器互锁端子结构。高压互锁线路是在高压插接器内部增加低压检测线路，一般单元端插接器为两个插孔，线束端插接器为两个内部短路的插脚。如果高压线束的插接器连接时，单元端插接器的两个插孔被线束端两个插脚短路接通，那么只要检测单元端两个线束电压或波形状态，即可确认插接器的连接状态，即高压线路的完整性。

图 2-11 高压插接器互锁端子结构

51

2. 高压互锁线路的分类

按照线路特点,高压互锁线路的检测方法分为串联式和并联式两种。

(1)串联式。通过一条低压线路,将主要高压单元的单元端高压插接器和线束端的高压插接器短路连接,VCU 通过检测此线路上的信号就可判断高压部件连接的完整性。串联式高压互锁线路连接原理如图 2-12 所示。

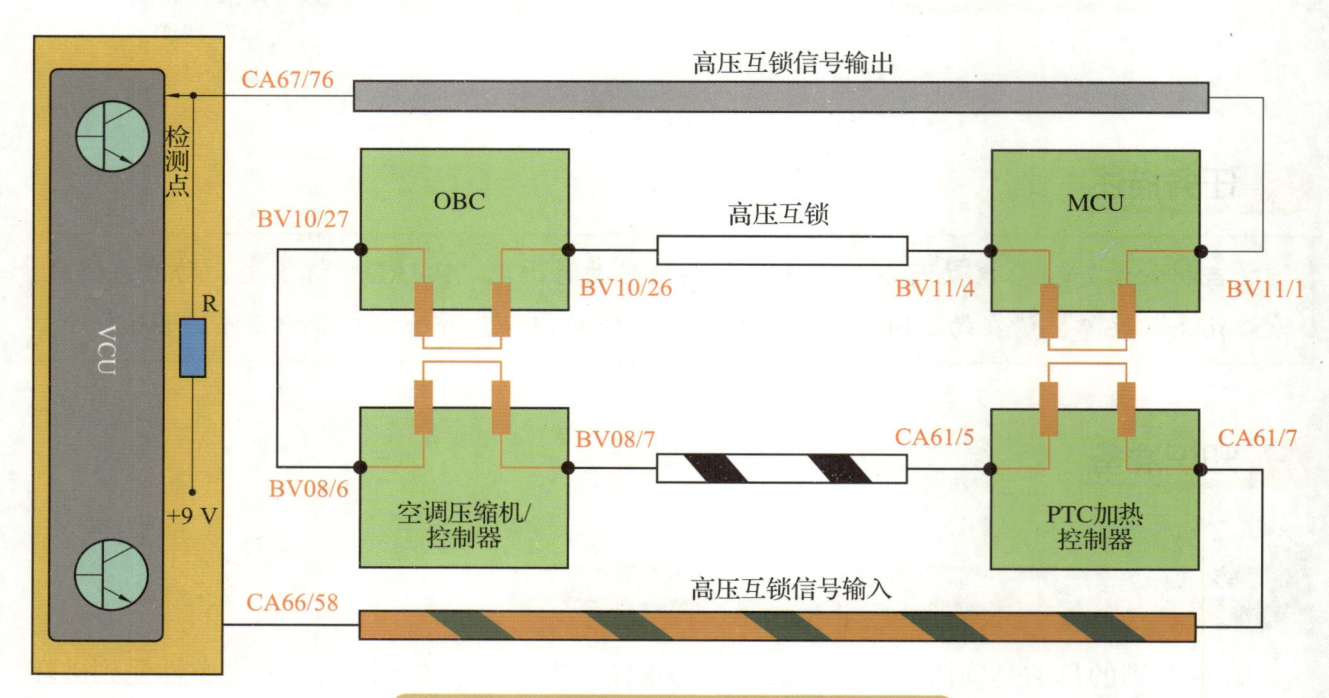

图 2-12 串联式高压互锁线路连接原理

(2)并联式。并联式高压互锁线路,其高压互锁线路集成在高压控制单元内部,外部没有连接线束,每个高压插接器互锁线路由单元单独检测,如果某一个高压插接器连接状态出现故障,单元就会立即判断出故障部位,从而方便检测和维修。

二、吉利帝豪 EV450 高压互锁线路的组成

吉利帝豪 EV 系列的串联式高压互锁线路连接原理如图 2-12 所示,高压互锁线路采用串联、波形检测的方式。参与高压互锁的主要高压部件有 MCU 及高压线束、OBC 及高压线束、PTC 加热控制器及高压线束、空调压缩机及高压线束。

VCU 通过 CA67/76 端子输出一个幅值约为 3.3 V 的 PWM 占空比信号。波形信号通过高压互锁导线进入 MCU 的 BV11/1 端子,通过 MCU 高压插接器内部短路(导通),从 MCU 的 BV11/4 端子输出;再进入 OBC 的 BV10/26 端子,通过 OBC 高压插接器内部短路(导通),从 OBC 的 BV10/27 输出;再进入空调压缩机/控制器的 BV08/6 端子,通过空调压缩机/控制器高压插接器内部短路(导通),从空调压缩机/控制器的 BV08/7 端子输出;再进入 PTC

加热控制器的 CA61/5 端子，通过 PTC 加热控制器高压插接器内部短路（导通），从 PTC 加热控制器的 CA61/7 端子输出，进入 VCU CA66/58 端子，VCU 通过内部上拉线路将幅值约为 3.3 V 的 PWM 占空比信号拉至幅值约为 12 V 的 PWM 占空比信号。

三、高压互锁线路故障检测验证

图 2-13 所示为高压互锁线路故障检测工作流程。

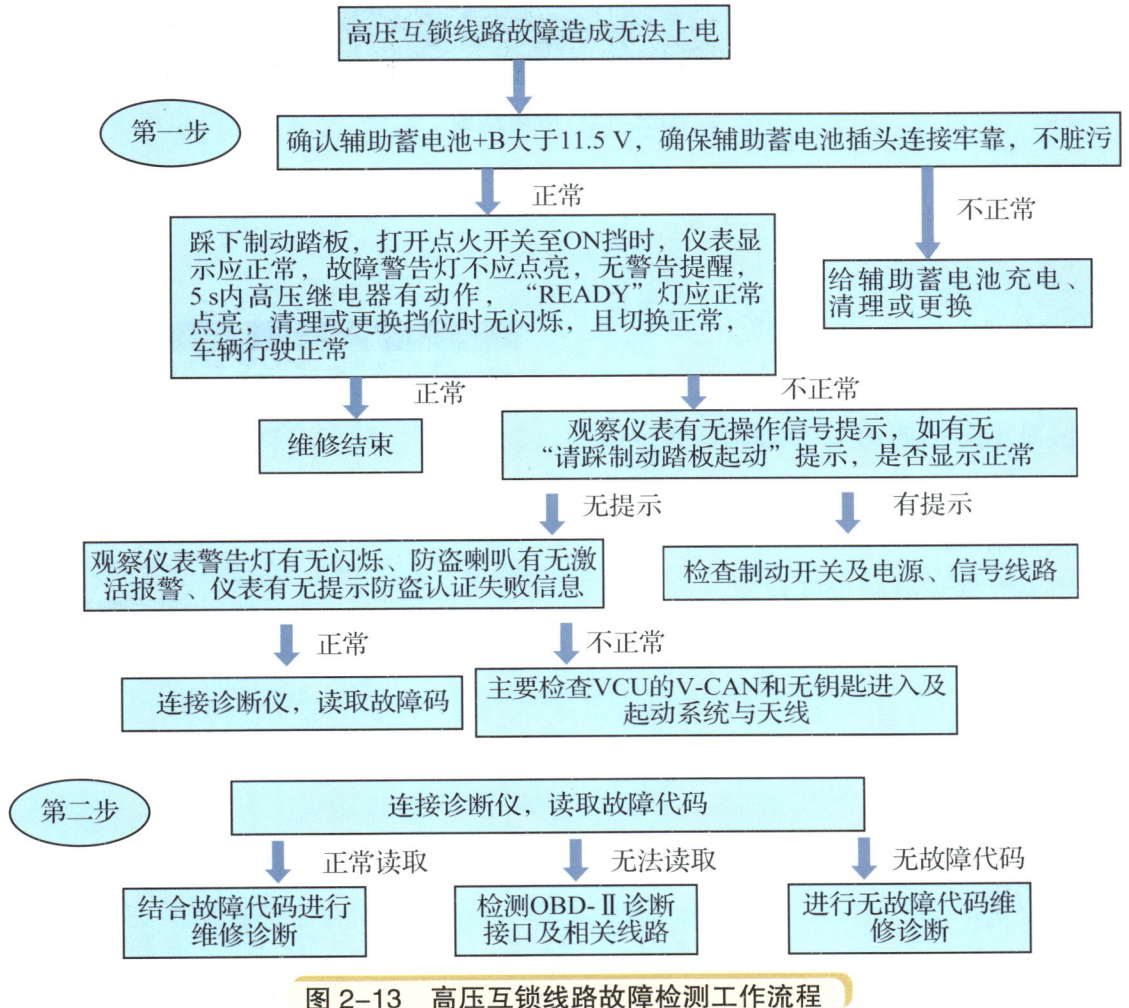

图 2-13 高压互锁线路故障检测工作流程

1. 故障现象

吉利帝豪 EV450 故障现象："READY"灯不亮，动力系统故障灯点亮，故障现象如图 2-14 所示。

图 2-14 故障现象

2. 模块通信状态及故障码检查

（1）故障码文字描述。

VCU 报 P0A0A11 高压互锁断开。

（2）故障诊断仪显示。

解码仪显示图例如图 2-15 所示。

（3）相关数据流文字描述。

无相关数据流。

（4）相关数据流故障诊断仪显示。

无相关数据流图。

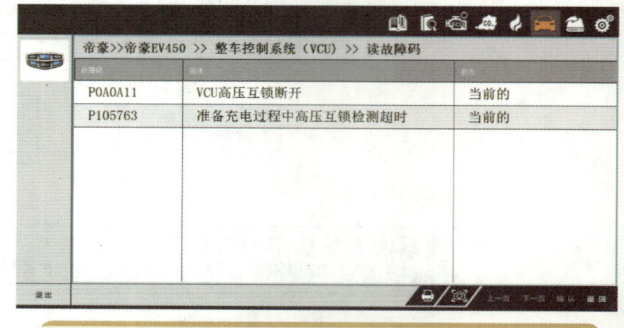

图 2-15 解码仪显示图例

3. 确认故障范围

高压互锁环形线路故障。

任务实施

一、安全操作规章

（1）在进行故障检测前判断周围环境是否干燥，有无灭火器材等。

（2）检测前，做好安全防护准备工作，如绝缘手套、护目镜、绝缘鞋等的检查与穿戴。

（3）在进行高压互锁线路故障的诊断与排除操作时，做好车辆高压下电的检查工作。

（4）使用绝缘电阻测试仪、万用表等工具时，必须提前校对仪器的准确性。

（5）对检测所获得的数据，必须认真记录，准确计算，仔细分析，保证检测的准确、快捷。

二、高压互锁线路故障诊断与排除工具准备

高压互锁线路故障诊断与排除工具准备清单如表2-6所示。

表2-6 高压互锁线路故障诊断与排除工具准备清单

类型	名称	规格	图示
防护工具	绝缘手套	绝缘	
	护目镜	绝缘	
	安全帽	绝缘	
检测工具	诊断仪	X431	
	万用表	优利德	
	示波器	优利德	
	兆欧表	FLUKE	
拆装工具	工具车	绝缘	

三、高压互锁线路故障诊断与排除

根据故障范围分步骤进行线路流程检测。

1. 检测分析

根据故障现象以及故障代码显示,可以将故障大致锁定在高压互锁环形线路当中的某一节点处,按照高压互锁的输出输入依次进行排查。

2. 检测电路

需要检测的部分电路如图 2-16 所示。

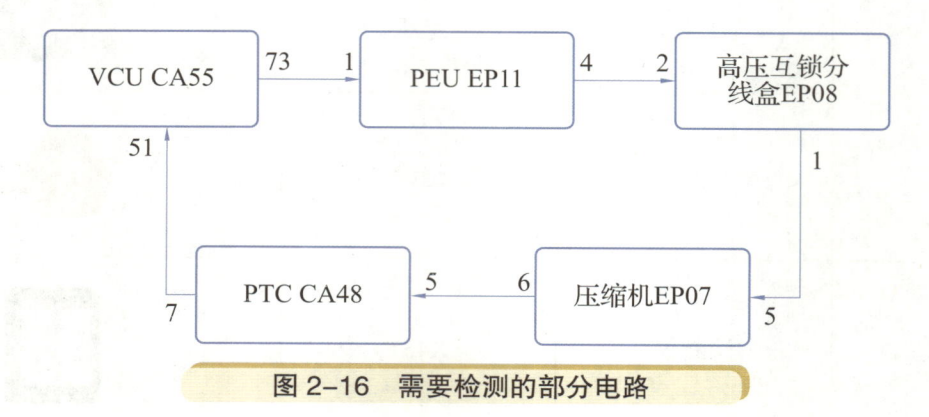

图 2-16 需要检测的部分电路

3. 具体检测过程

故障诊断与排除准备工作完毕之后,整个诊断过程如图 2-17 至图 2-27 所示。

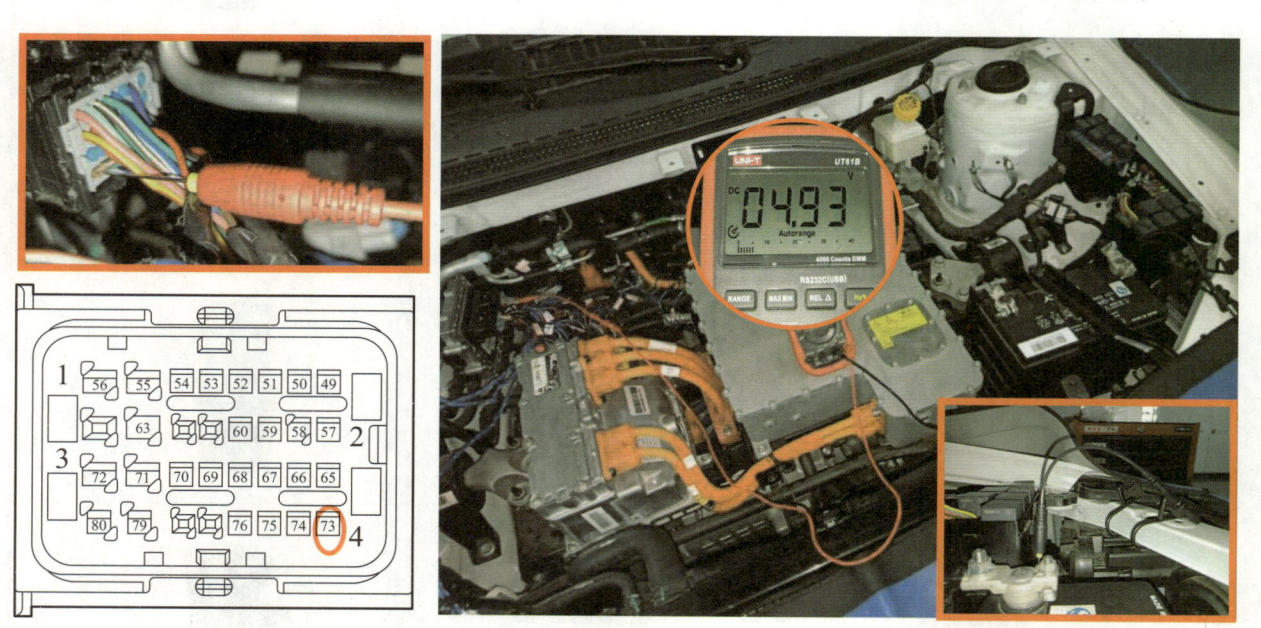

图 2-17 上电后测量背插 CA55/73 高压互锁输出电压

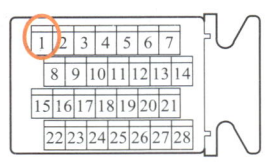

图 2-18　上电后测量背插 EP11/1 高压互锁输入电压（0 V）

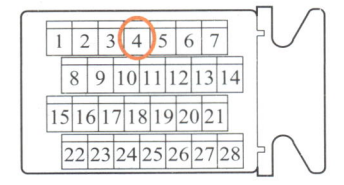

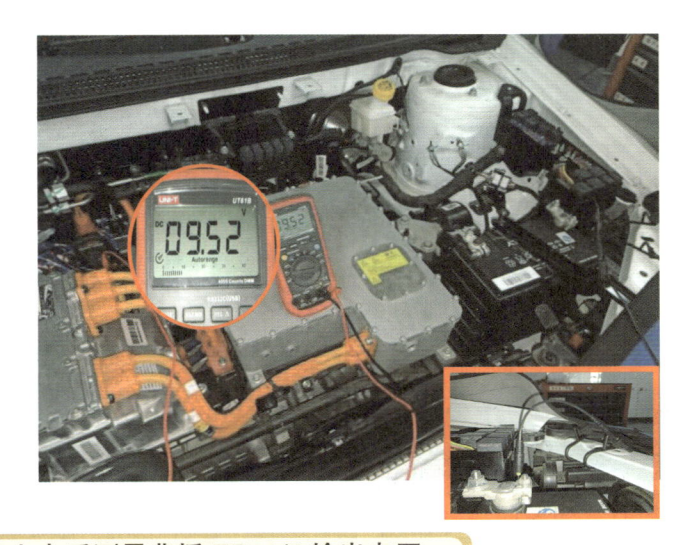

图 2-19　上电后测量背插 EP11/4 输出电压

由于 EP08 高压互锁分线盒的输入输出以及压缩机 EP07 的输入输出位置特殊，不方便进行测量，此处忽略测量步骤。

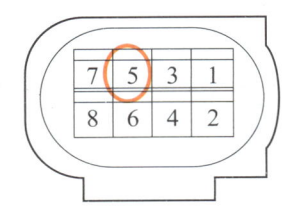

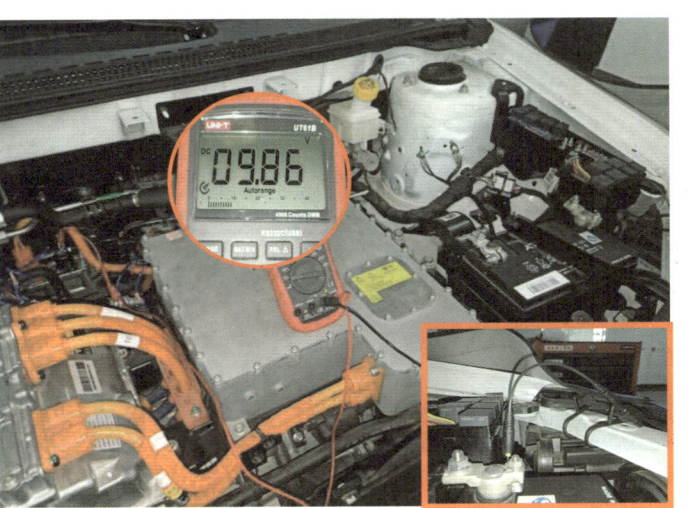

图 2-20　上电后测量背插 CA48/5 输入电压

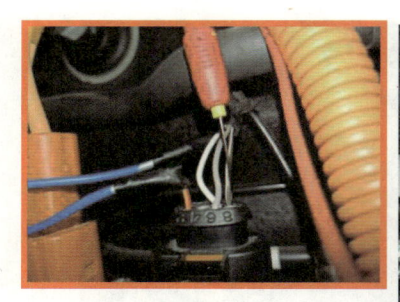

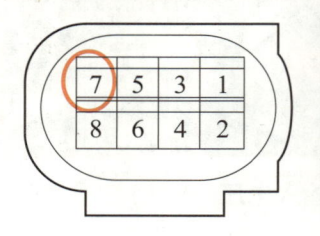

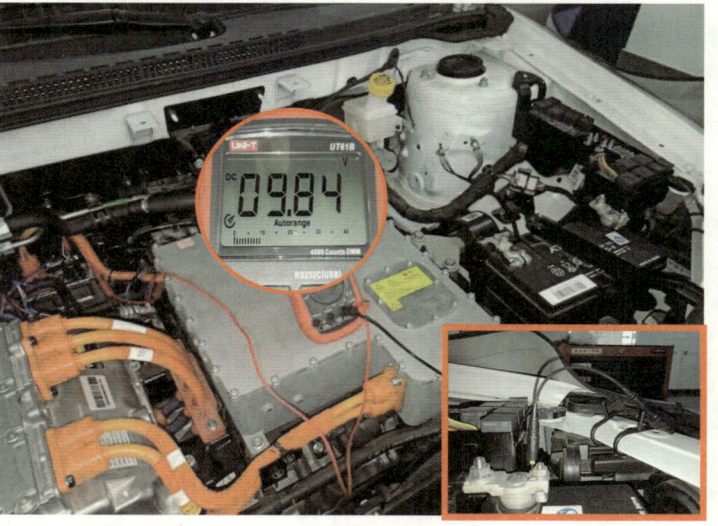

图 2-21　上电后测量背插 CA48/7 输出电压

图 2-22　上电后测量背插 CA55/51 输入电压

图 2-23　车辆下电，断开低压电源负极

项目二 高压起动系统故障诊断与排除

图 2-24 断开高压连接部件，静置 5 min

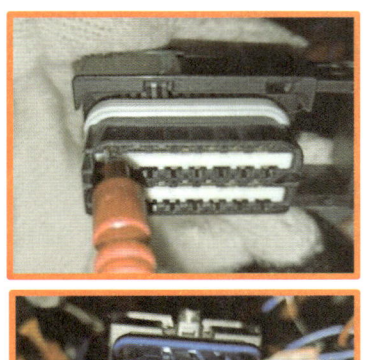

图 2-25 测量 CA55/73 输出到 EP11/1 输入间电阻值

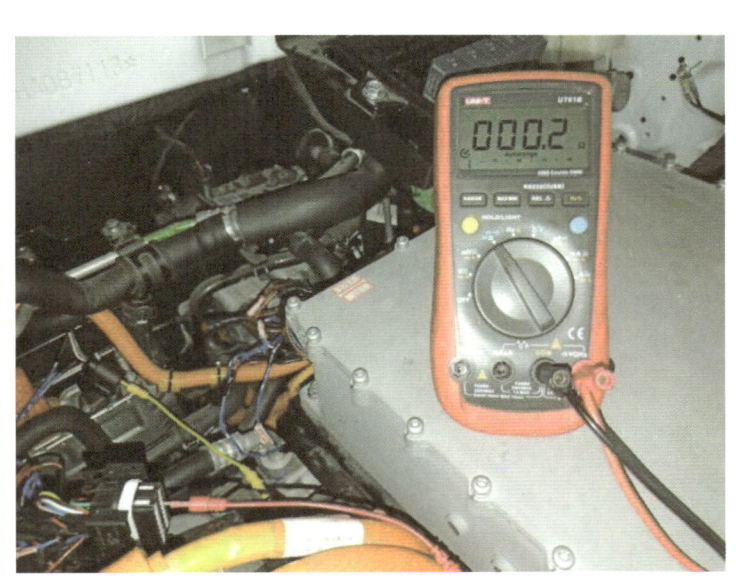

图 2-26 测量 EP11/4 输出到 CA48/5 输入间电阻（0.2Ω）

新能源汽车综合故障诊断

图 2-27 测量 CA48/7 输出到 CA55/51 输入间电阻（0.1Ω）

任务评价

一、展示学习成果

60

二、根据评分标准团队内部和团队间交互完成质量检查

高压互锁线路故障诊断与排除质量评价表如表 2-7 所示。

表 2-7 高压互锁线路故障诊断与排除质量评价表

项目	检查点	评价标准	配分	检测记录 自检	检测记录 互检	得分
检测分析	读取故障代码	读取不准确不得分	5			
	故障代码分析	分析不准确不得分	5			
测量过程	上电后测量背插 CA55/73 高压互锁输出电压	测量不准确不得分	10			
	上电后测量背插 EP11/1 高压互锁输入电压	测量不准确不得分	10			
	上电后测量背插 EP11/4 输出电压	测量不准确不得分	5			
	上电后测量背插 CA48/5 输入电压	测量不准确不得分	5			
	上电后测量背插 CA48/7 输出电压	测量不准确不得分	5			
	上电后测量背插 CA55/51 输入电压	测量不准确不得分	5			
	车辆下电，断开低压电源负极断开高压连接部件，静置 5 min	操作不准确不得分	10			
	测量 CA55/73 输出到 EP11/1 输入间电阻值	测量不准确不得分	10			
	测量 EP11/4 输出到 CA48/5 输入间电阻	测量不准确不得分	10			
	测量 CA48/7 输出到 CA55/51 输入间电阻	测量不准确不得分	10			
	故障点确认	确认不准确不得分	5			
	安全操作	违反安全规章 1 项扣 2 分（扣完为止），严重违章不得分	5			

三、学习感想交流

我国新能源汽车快速发展，在智能网联和新能源"双轮驱动"下，中国品牌未雨绸缪，

抢抓先机，走在了产业发展的最前端，成为我国新能源汽车发展的主力军。传统汽车企业积极拥抱新能源汽车，实现快速转型，开启了中国品牌的崛起之路。造车新势力企业品牌影响力不断提升，更带来了新产品、新技术、新模式、新理念，搅动产业一池春水。

2022年数据显示，中国品牌新能源乘用车累计销量同比均增长1.5倍，高于市场整体增速。在乘用车总销量中，中国品牌占比达75.1%，比2021年同期提高两个百分点，这是一个亮眼的成绩，也是一个巨大的变化。它代表了中国品牌在崛起之路上走得铿锵有力，也代表了离实现汽车强国梦更进一步。

将你的感想和老师、同学进行交流吧！

四、学习过程交流

（1）展示和讲述学习过程与学习成果。

（2）交流学习，发现、分析和解决高压互锁线路故障的检测与诊断学习过程中出现的问题。

五、学习效能评价

团队内部完成学习效能评价的自评与互评。高压互锁线路故障诊断与排除学习效能评价表如表2-8所示。

表2-8 高压互锁线路故障诊断与排除学习效能评价表

序号	项目	内容	程度	不能的原因
1	知识学习	高压互锁线路原理	□能 □不能	
2		高压互锁线路分类	□能 □不能	
3		高压互锁线路故障的分析方法	□能 □不能	
4		高压互锁线路故障排除的流程编制	□能 □不能	
5		高压互锁线路故障排除的安全规范	□能 □不能	
6	技能学习	高压互锁线路工具设备的选择	□能 □不能	
7		高压互锁线路故障的检测与操作	□能 □不能	
8		高压互锁线路的故障排除与操作	□能 □不能	
9		高压互锁线路的检修质量控制与判定	□能 □不能	
10		高压互锁线路故障的诊断与排除	□能 □不能	

续表

经验积累与问题解决	
经验积累	问题解决

签审	①学生评价委员会意见： 年　月　日 ②指导教师意见： 年　月　日	评价等级认定

六、综合能力评价

（1）团队内部完成综合能力的自评与互评。

（2）团队间交互完成学习效能的互评。

高压互锁线路故障诊断与排除任务综合能力评价表如表2-9所示。

表2-9　高压互锁线路故障诊断与排除任务综合能力评价表

学习任务名称			学习时间				
班　　级			学习团队				
	评价指标	评价情况	否定结果原因	自评	互评	师评	
1	学习态度	□优秀　□良好　□一般　□差					
2	知识学习	□优　□良　□中　□差					
3	技能学习	□优　□良　□中　□差					
4	流程编制	□优化　□合理　□一般　□不合理					
5	程序编制	□优化　□合理　□一般　□不合理					
6	完成时间	□提前　□准时　□延后　□未完成					
7	测验质量	□合格　□不良　□返修　□报废					
8	成果展示	□清晰流畅　□需要补充　□不清晰流畅					
9	操作方法	□正确　□部分正确　□不正确					
10	安全规范	□很好　□好　□较好　□不好					
11	7S管理	□很好　□好　□较好　□不好					
12	分工协作	□很好　□好　□较好　□不好					
13	沟通交流	□很好　□好　□较好　□不好					

续表

评价指标		评价情况				否定结果原因	自评	互评	师评
14	问题解决	□及时	□较及时	□不及时					
15	创新精神	□优秀	□良好	□一般	□不足				
16	规划掌控	□很好	□好	□较好	□不好				
学习任务完成自评总结						亮点			
						缺点			
团队评价		团队自评	□优 □良 □中 □差			团队互评	□优 □良 □中 □差		

学生个人评价	项目\姓名	1	2	3	4	5	6	7	8	9	10	11	12	13	14	15	16

审定意见	学习组长	指导教师	教研组长
	年 月 日	年 月 日	年 月 日

说明：(1) 此表主要对学习任务中的综合能力进行评价。

(2) 每一个学习任务完成后，学生必须客观、真实、公正地进行评价和填报此表，此表可作为综合学习项目的评价依据。

(3) 学生个人评价在学习团队内部进行，评价指标代码对应团队考核评价指标。

拓展提升

（一）接续任务学习的准备工作布置

（1）进行项目三任务一 P-CAN 线路故障诊断与排除学习信息收集与筛选和资源的准备。

（2）进行项目三任务一 P-CAN 线路故障诊断与排除学习设备与工具的准备。

（二）拓展阅读

根据纯电动汽车安全标准要求，并从车载储能装置、功能安全、故障保护、人员触电防护及高压电安全管理控制策略等方面综合考虑，应对纯电动汽车高压电系统进行以下四个方面的设计。

1. 高压电电磁兼容性设计

由于纯电动汽车上存在高压交流系统，具有较强的电磁干扰性，高压线束设计时电源线与信号线尽量采用隔离或分开配线；电源线两端考虑采用隔离接地，以免接地回路形成共同阻抗耦合，将噪声耦合至信号线；输入与输出信号线应避免排在一起造成干扰；输入与输出信号线尽量避免在同一个接头上，如不能避免时应将输入与输出信号线错开放置。

2. 高压部件和高压线束的防护与标识设计

高压部件的防护主要包括防水、机械防护及高压警告标识等。尤其是布置在机舱内的部件，如电机及其控制系统、电动空调系统、DC-DC 变换器、OBC 等，以及它们中间的连接接口，都需要达到一定的防水和防护等级。另外，高压部件应具有高压危险警告标识，以警示用户与维修人员在保养与维修时注意这些高压部件。

由于纯电动汽车线束包括低压线束与高压线束，为提示和警示用户和维修人员，高压线束应采用橙色线缆并用橙色波纹管进行防护。同时高压连接器也应标识为橙色，起到警示作用，并且所选高压连接器应达到 IP67 防护等级。

3. 预充电回路保护设计

因为高压设备控制器输入端存在大量的容性负载，直接接通高压主回路可能会产生高压电冲击，所以为避免接通时的高压电冲击，高压系统需采取预充电回路的方式对高压设备进行预充电。

4. 高压设备过载/短路保护设计

当汽车高压附件设备发生过载或线路短路时，相关高压回路应能自动切断供电，以确保高压附件设备不被损坏，保证汽车和驾乘人员的安全。因此，高压系统设计中应设置过载或短路的保护部件，如在相关回路中设置保险和接触器，当发生过载或短路引起的保险或接触器短路时，高压管理系统会通过对接触器触点和相关控制接触器闭合的有效指令进行综合判定。若检测出相关电路故障，高压管理系统会发出声光报警，以提示驾驶员。

项目三

高压行驶系统故障诊断与排除

项目描述

高压行驶系统故障诊断与排除项目描述如表3-1所示。

表3-1 高压行驶系统故障诊断与排除项目描述

项目名称		高压行驶系统故障诊断与排除		
项目描述	企业需求	根据客户反应，吉利帝豪EV450在使用过程中，针对驱动电机系统，车辆无法行进。那么接下来我们将通过学习解决高压行驶系统部分典型故障		
	知识目标	①掌握永磁同步电机功能原理。 ②掌握MCU功能原理。 ③了解MCU数据通信的检测与诊断。 ④掌握电路图的查询方法	学习时间	12学时
	技能目标	①能够正确运用万用表、示波器、诊断仪等常见设备。 ②能够准确对线路原理图进行识读和分析。 ③能够对常见MCU故障进行诊断与排除。 ④具备新标准、新政策的学习能力		
	素养目标	①能够在工作过程中与小组其他成员合作、交流，养成团队合作意识，锻炼沟通能力。 ②养成7S的工作习惯。 ③养成专注执着的工作习惯。 ④提高职业道德，弘扬职业精神		

吉利帝豪EV450驱动系统主要由驱动电机、MCU、减速器等部件组成，搭载的永磁同步电机最大功率为120 kW，最大扭矩为250 N·m，电池容量为52 kWh，工信部测得的纯电续航里程为450 km。

减速器介于驱动电机和驱动半轴之间，驱动电机的动力输出轴通过花键直接与减速器输入轴齿轮连接。一方面，减速器将驱动电机的动力传给驱动半轴，起到降低转速、增大扭矩的作用；另一方面，满足汽车转弯及在不平路面上行驶时，左右驱动轮以不同的转速旋转，保证车辆平稳运行。驱动电机动力传递路线如图3-1所示。

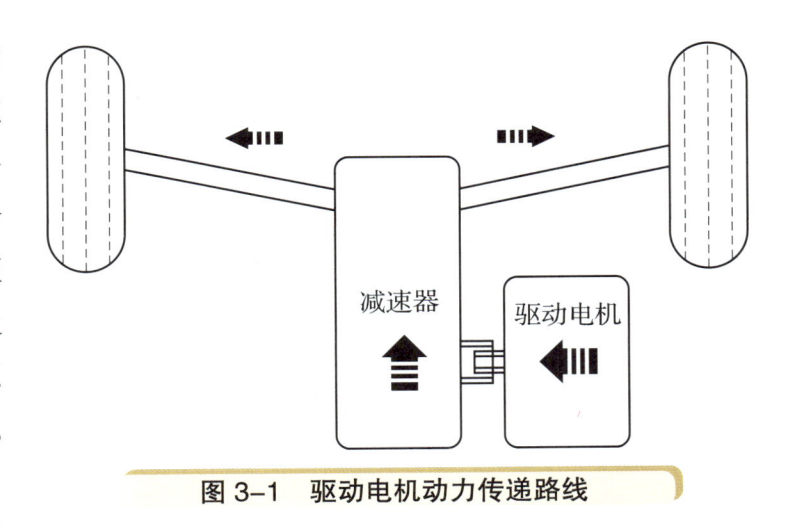

图 3-1 驱动电机动力传递路线

吉利帝豪 EV450 采用的永磁同步电机是动力系统的重要执行机构，是电能与机械能转化的部件，且自身运行状态等信息可以被采集到驱动电机控制器。吉利帝豪 EV450 驱动电机基本参数如表 3-2 所示。

表 3-2 吉利帝豪 EV450 驱动电机基本参数

	类型	永磁同步
	电机旋转方向	从轴伸端看，电机逆时针旋转
	温度传感器类型	NTC
	温度传感器型号	SEMITEC 13-C310
性能参数	额定（峰值）功率 /kW	42（120）
	额定（峰值）转矩 /(N·m)	105（250）
	额定（峰值）转速 /(r·min^{-1})	4 200（12 000）
	冷却液类型	乙二醇型防冻液，冰点 ≤ 40 ℃
	冷却液流量要求 /(L·min^{-1})	8

1. 驱动电机总成

驱动电机由前端盖、后端盖、定子、壳体总成、转子总成、轴承和低压插接件组成，其内部结构如图 3-2 所示，三相交流电被接入定子线圈中，即产生了旋转的磁场，这个旋转的磁场牵引转子内部的永磁体，产生与旋转磁场同步的旋转扭矩。

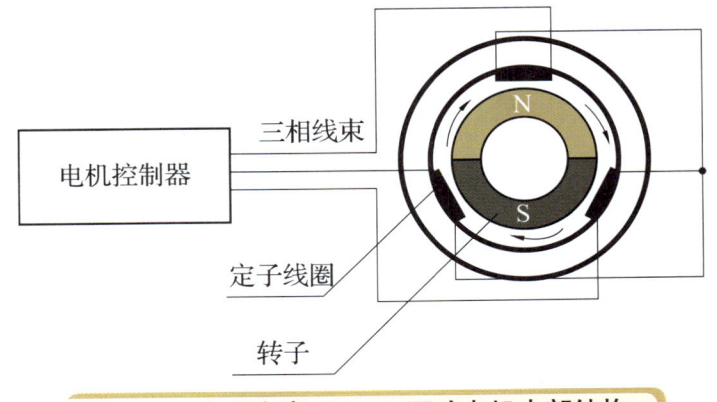

图 3-2 吉利帝豪 EV450 驱动电机内部结构

使用旋转变压器检测转子的位置，使用电流传感器检测线圈的电流，从而控制驱动电机的扭矩输出。旋变信号的作用是反映驱动电机转子当前的旋转相位，MCU 再通过旋变信号计算当前的驱动电机转速。吉利帝豪 EV450 旋转变压器采用磁阻式旋转变压器，驱动电机如图 3-3 所示，旋变转子与驱动电机转子同轴连接，随电机转轴旋转。

图 3-3 驱动电机

2. MCU 总成

MCU 内部包含一个 DC-AC 变换器和一个 DC-DC 变换器，DC-AC 变换器由 ICBT、直流母线电容、驱动和控制线路板等组成，实现直流（可变的电压、电流）与交流（可变的电压、电流、频率）之间的转换。DC-DC 变换器由高低压功率器件、变压器、电感、驱动器和控制线路板等组成，实现直流高压向直流低压的能量传递。MCU 还包含冷却器（通过冷却液），给电子功率器件散热。MCU 外部主要为高压、低压连接线束，以及冷却液管路接口。MCU 是以磁电机自动化控制技术为基础的机电一体化产品，MCU 主要包括功率变换线路、主控制 CPU、转子位置检测单元、电流检测单元、CAN 通信单元等五大部分。吉利帝豪 EV450 高压线束采用分体式布局结构，如图 3-4 所示。

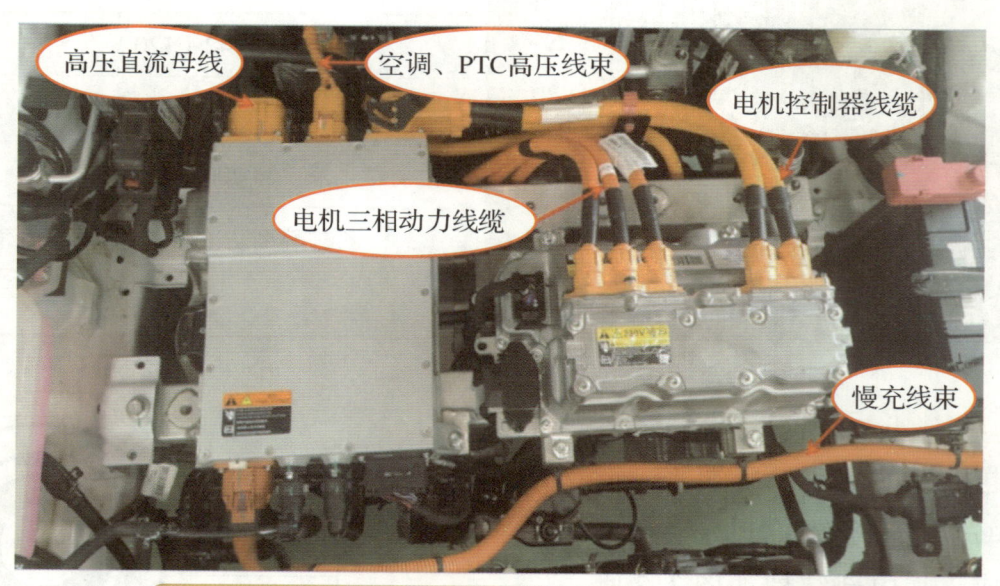

图 3-4 吉利帝豪 EV450 高压线束采用分体式布局结构

3. 减速器总成

吉利帝豪 EV450 采用单速比减速器，只有一个前进挡、一个倒车挡、一个空挡和一个驻车挡。当车辆处在驻车挡时，减速器会通过一套锁止装置锁止减速器。减速器介于驱动电机和驱动半轴之间，驱动电机的动力输出轴通过花键直接与减速器输入轴齿轮连接。吉利帝豪 EV450 减速器内部结构如图 3-5 所示。

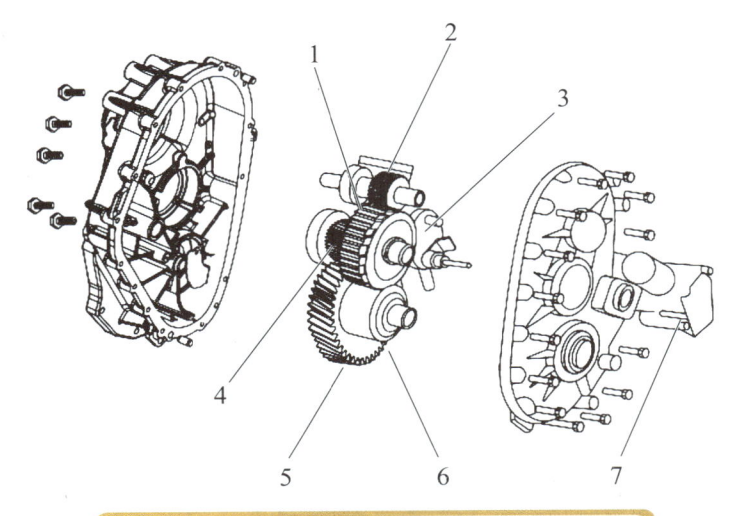

图 3-5　吉利帝豪 EV450 减速器内部结构
1—中间轴输入齿轮；2—输入轴齿轮；3—驻车棘爪；4—中间轴输出齿轮；
5—输出轴齿轮；6—差速器；7—驻车电机

任务一　P-CAN 线路故障诊断与排除

任务描述

吉利帝豪 EV450 电动汽车无法正常行驶，动力系统出现异常状态，高压无法上电，请在约定时间内对车辆进行诊断与维修，并给客户提出用车建议。

知识准备

一、永磁同步电机原理

永磁同步电机的运行需要依靠转子位置传感器检测出转子的位置信号，通过换向驱动线路来驱动与电枢绕组连接的各功率开关管导通与截止,从而控制定子绕组的通电,在定子上产生旋转磁场带动转子旋转。

随着转子的转动,位置传感器不断地送出信号,以改变电枢的通电状态,使得在同一磁极下导体中的电流方向不变。因此,就可产生恒定的转矩使永磁同步电机运转起来。

二、MCU 功能原理

MCU 是永磁同步电机的控制大脑,它综合位置传感器、温度传感器、电流传感器所提供的电机转子位置、温度、速度和电流等反馈信号及外部输入的命令,通过程序进行分析处理,决定控制方式及故障保护等,向功率变换器发出执行命令,控制永磁同步电机运行。图 3-6 所示为吉利帝豪 EV 系列 MCU。

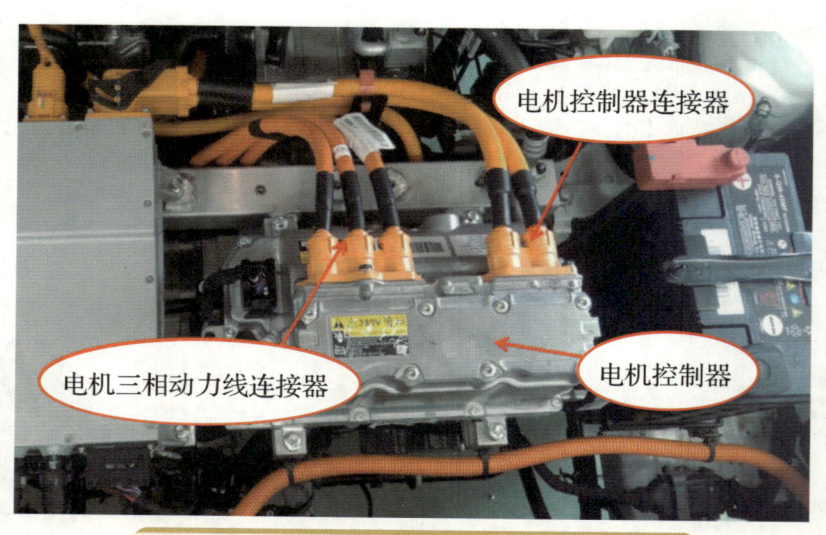

图 3-6 吉利帝豪 EV 系列 MCU

MCU 安装在机舱内,既能将动力蓄电池中的直流电转换为交流电以驱动电机,又能在车辆制动或滑行阶段将车轮旋转的动能转换为电能(交流电转换为直流电),给动力蓄电池充电。它采用 CAN 总线与其他单元进行通信,控制动力蓄电池组到电机之间能量的传输,同时采集电机位置信号和三相电流检测信号,精确地控制驱动电机运行。同时,DC-DC 变换器也集成在 MCU 内部,其功能是将蓄电池的高压电转换成低压电,提供整车低压系统供电。

吉利帝豪 EV450 能量消耗/回收传递路线如图 3-7 所示。

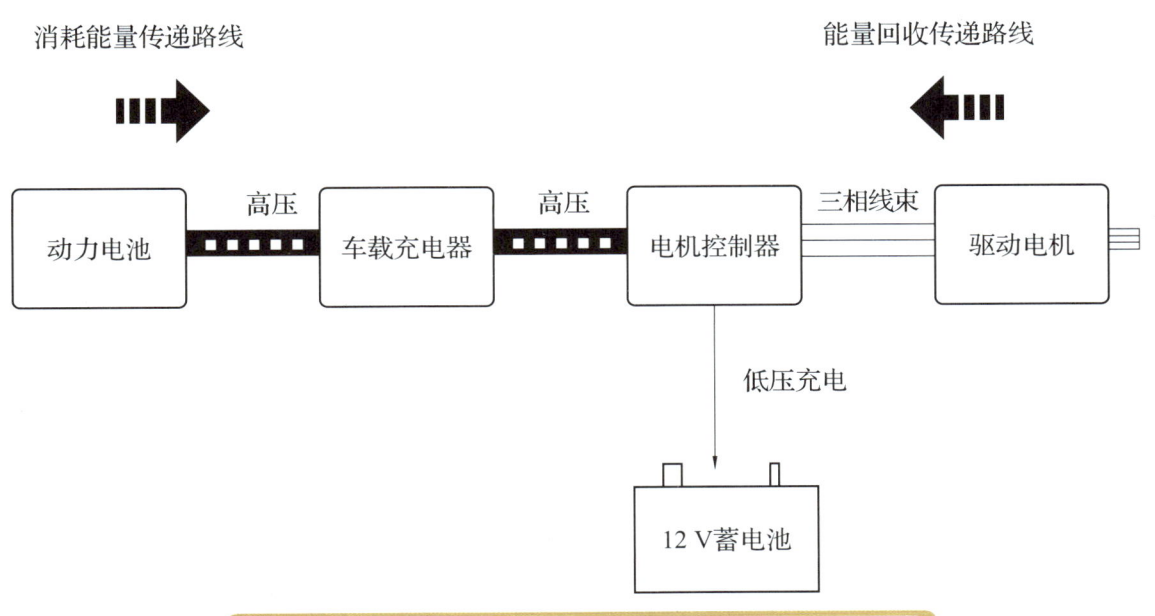

图 3-7　吉利帝豪 EV450 能量消耗/回收传递路线

图 3-8 所示为 MCU 电源线路原理，可以看出，MCU 供电电源有两路：一路为辅助蓄电池正极电源通过熔丝 EF32（7.5A）至 MCU 的 BV11/26 端子，给 MCU 提供常火电源；另一路为 IG2 继电器的输出电源通过熔丝 IF18（10 A）至 MCU 的 BV11/25 端子，给 MCU 提供点火开关（信号）电源。

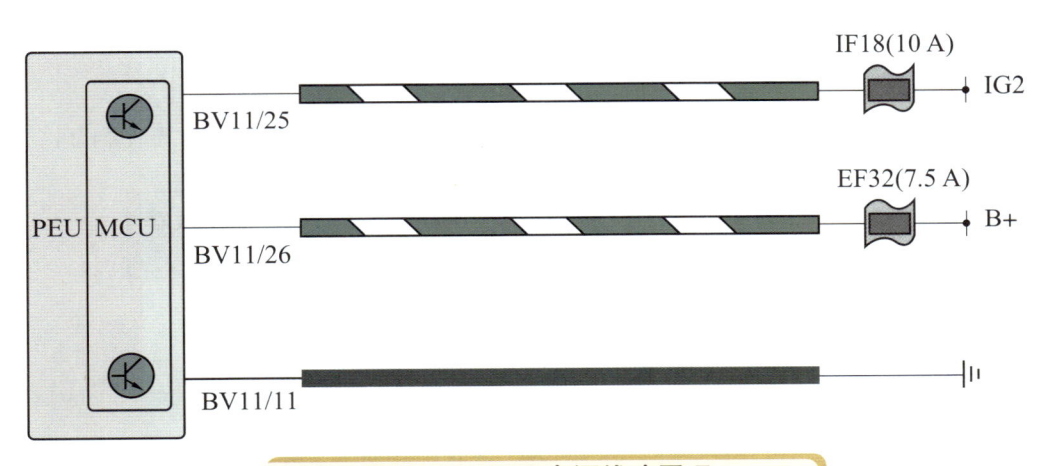

图 3-8　MCU 电源线路原理

由于吉利帝豪 EV 系列整车控制电源的特殊需求，DC-DC 变换器/MCU 既要参与打开点火开关后的工作及 CAN 通信，又要满足车辆在点火开关关闭后充电时 DC-DC 变换器/MCU 工作及 CAN 通信需求，所以 MCU +B 电源的作用就是保证在这两个状态时 MCU 能正常启动及 CAN 通信。如果 +B 电源出现故障，将导致 MCU 启动及 CAN 通信失败，致使整车高压上电失败。

三、MCU 运行异常故障检测验证工作流程

图 3-9 所示为 MCU 运行异常检测与诊断工作流程。

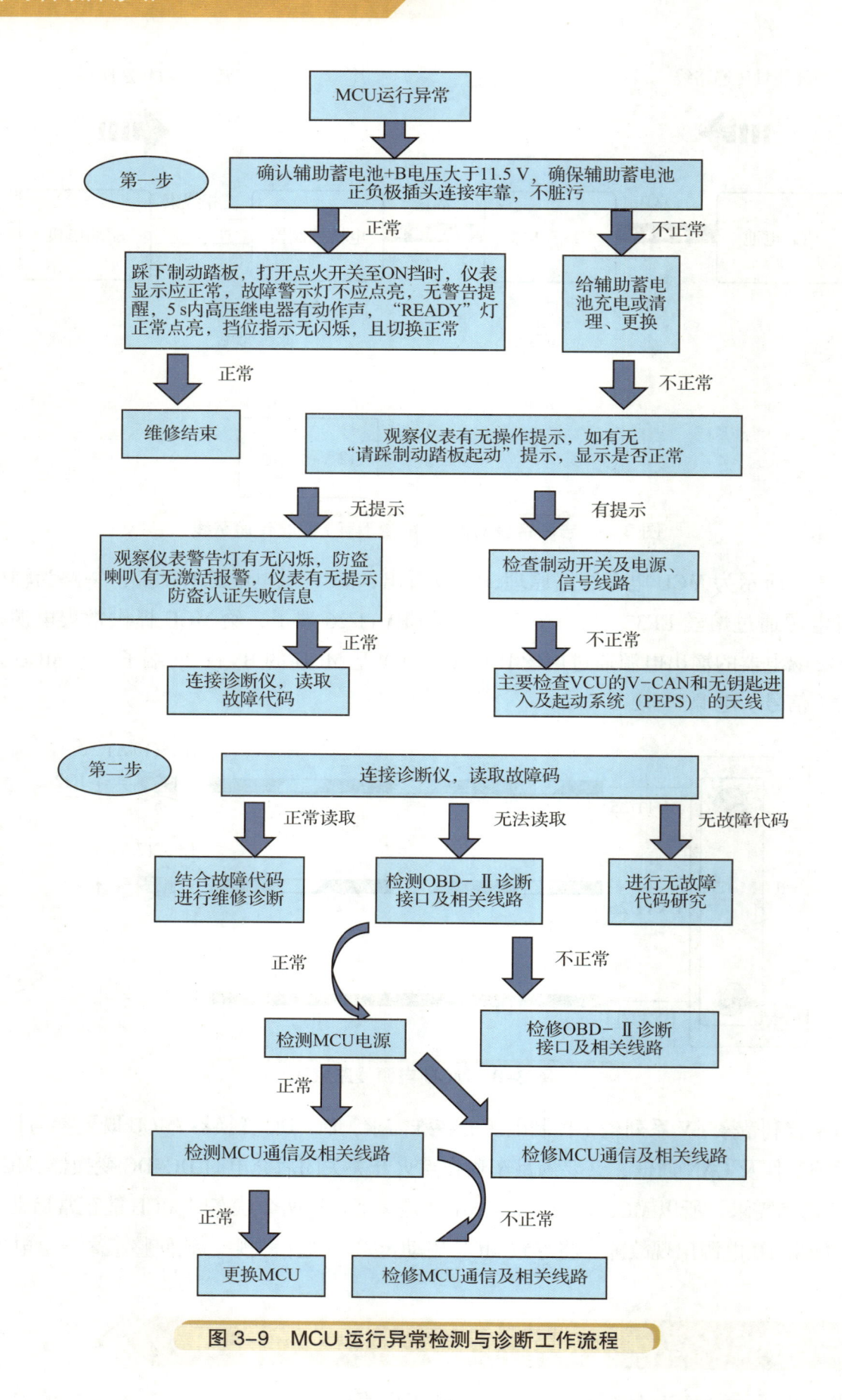

MCU运行异常检测与诊断工作流程

第一步：
- MCU运行异常
- 确认辅助蓄电池+B电压大于11.5 V，确保辅助蓄电池正负极插头连接牢靠，不脏污
  - 正常 → 踩下制动踏板，打开点火开关至ON挡时，仪表显示应正常，故障警示灯不应点亮，无警告提醒，5 s内高压继电器有动作声，"READY"灯正常点亮，挡位指示无闪烁，且切换正常
    - 正常 → 维修结束
    - 不正常 → 观察仪表有无操作提示，如有无"请踩制动踏板起动"提示，显示是否正常
      - 无提示 → 观察仪表警告灯有无闪烁，防盗喇叭有无激活报警，仪表有无提示防盗认证失败信息
        - 正常 → 连接诊断仪，读取故障代码
      - 有提示 → 检查制动开关及电源、信号线路
        - 不正常 → 主要检查VCU的V-CAN和无钥匙进入及起动系统（PEPS）的天线
  - 不正常 → 给辅助蓄电池充电或清理、更换
    - 不正常 → （继续观察仪表有无操作提示…）

第二步： 连接诊断仪，读取故障码
- 正常读取 → 结合故障代码进行维修诊断
  - → 检测MCU电源
    - 正常 → 检测MCU通信及相关线路
      - 正常 → 更换MCU
      - 不正常 → 检修MCU通信及相关线路
- 无法读取 → 检测OBD-Ⅱ诊断接口及相关线路
  - 不正常 → 检修OBD-Ⅱ诊断接口及相关线路
- 无故障代码 → 进行无故障代码研究

图 3-9　MCU 运行异常检测与诊断工作流程

1. 故障现象

吉利帝豪 EV450 故障现象：仪表动力系统故障指示灯亮起，P 挡闪烁，高压无法上电，换挡器指示灯异常。故障现象如图 3-10 和图 3-11 所示。

图 3-10　故障现象

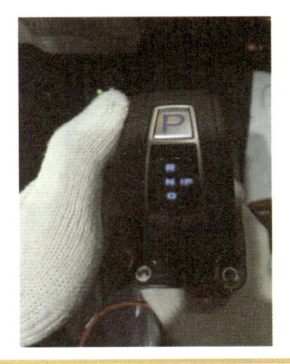

图 3-11　电子换挡器状态

2. 模块通信状态及故障码检查

（1）故障码文字描述。

VCU 报"U34A882 电机控制器报文循环计数错误""U34AD82 BMS 报文循环计数错误"等，关于 P-CAN 线路的模块均有故障码。

（2）故障诊断仪显示。

故障诊断仪显示的故障如图 3-12 至图 3-15 所示。

故障码	描述	状态
U34A882	电机控制器报文循环计数错误（IPUMOT_General,0x171）	当前的
U34AA82	电机控制器报文循环计数错误（IPUMOT_Limits,0x181）	当前的
U34AB82	DCDC报文循环计数错误（IPUDCDC_General,0x379）	当前的
U34AD82	BMS报文循环计数错误（BMS_General,0x230）	当前的

故障码	描述	状态
U017687	与驻车锁PCU通信丢失	当前的
P101104	电池故障等级处于降功率	当前的
P102E02	电机转速信号错误	当前的
P104404	车速CAN信号错误	当前的

图 3-12　整车控制模块相关故障码

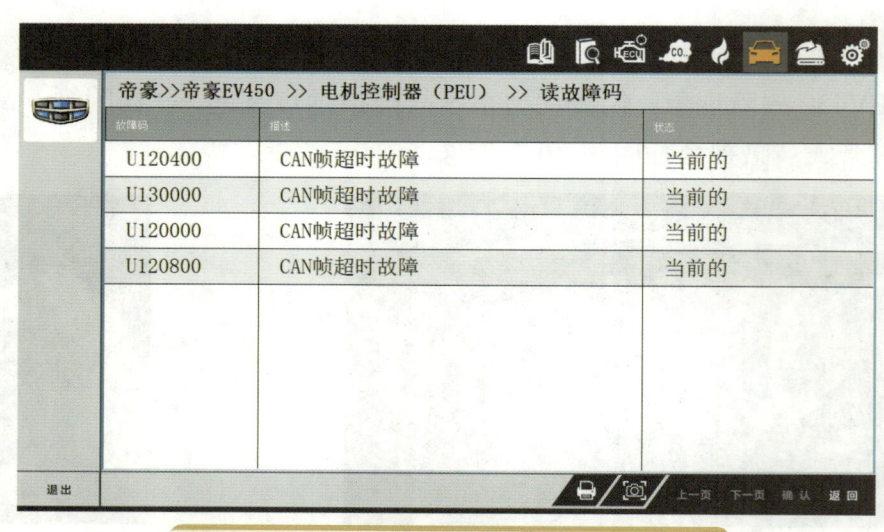

故障码	描述	状态
U120400	CAN帧超时故障	当前的
U130000	CAN帧超时故障	当前的
U120000	CAN帧超时故障	当前的
U120800	CAN帧超时故障	当前的

帝豪>>帝豪EV450 >> 电机控制器（PEU） >> 读故障码

图 3-13　电机控制器模块相关故障码

故障码	描述	状态
U014287	VCU 通信丢失	当前的

帝豪>>帝豪EV450 >> 电源管理系统（BMS） >> 读故障码

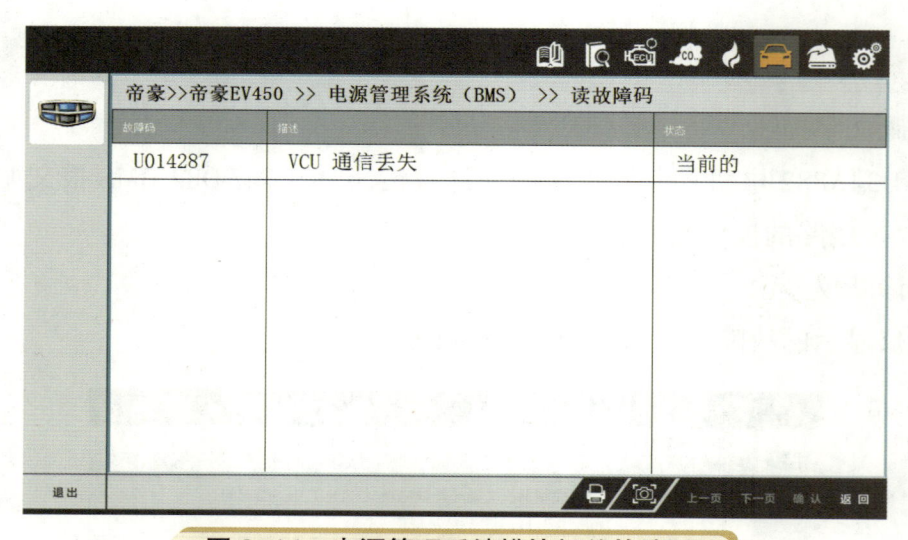

图 3-14　电源管理系统模块相关故障码

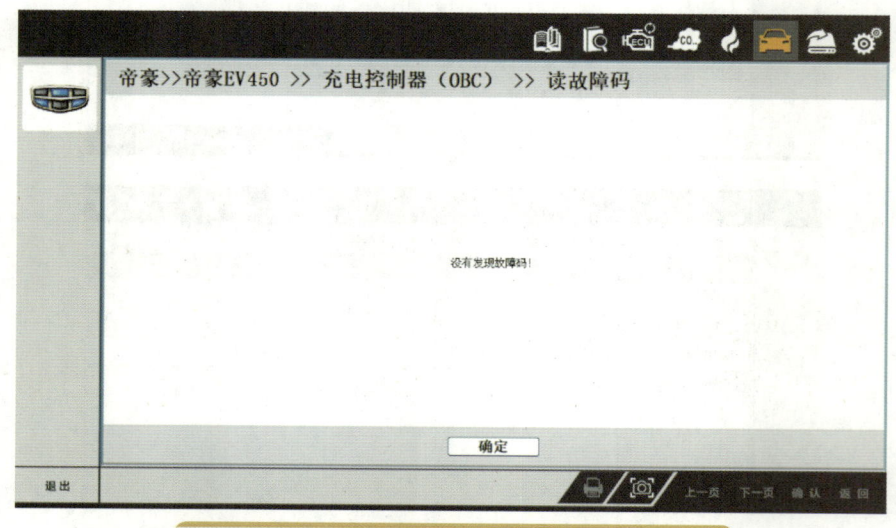

帝豪>>帝豪EV450 >> 充电控制器（OBC） >> 读故障码

没有发现故障码！

图 3-15　充电控制器模块相关故障码

（3）相关数据流文字描述。

电机系统故障状态：无误；BMS 系统故障等级：0；车载充电机故障状态：无误。

（4）相关数据流故障诊断仪显示。

整车控制系统相关数据流如图 3-16 所示。

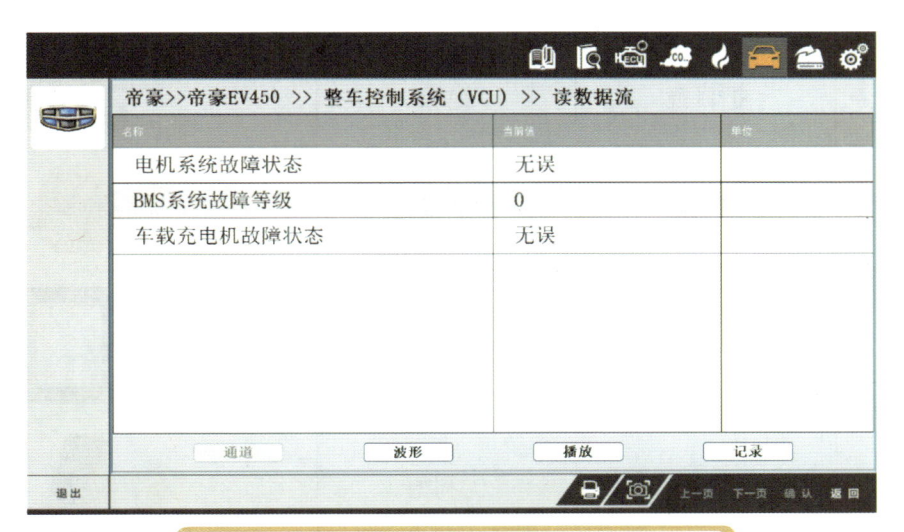

图 3-16　整车控制系统相关数据流

3. 确认故障范围

P-CAN 线路故障。

任务实施

一、安全操作规章

（1）在进行故障检测前判断周围环境是否干燥，有无灭火器材等。

（2）检测前，做好安全防护准备工作，如绝缘手套、护目镜、绝缘鞋等的检查与穿戴。

（3）在进行 P-CAN 线路故障诊断与排除操作时，做好车辆的检查工作。

（4）使用绝缘电阻测试仪、万用表等工具时，必须提前校对仪器的准确性。

（5）对检测所获得的数据，必须认真记录，准确计算，仔细分析，保证检测的准确、快捷。

二、P-CAN 线路故障诊断与排除工具准备

P-CAN 线路故障诊断与排除工具准备清单如表 3-3 所示。

表3-3　P-CAN线路故障诊断与排除工具准备清单

类型	名称	规格	图示
防护工具	绝缘手套	绝缘	
	护目镜	绝缘	
	安全帽	绝缘	
检测工具	诊断仪	X431	
	万用表	优利德	
	示波器	优利德	
	兆欧表	FLUKE	
拆装工具	工具车	绝缘	

三、P-CAN线路故障诊断与排除

根据故障范围分步骤进行线路流程检测。

1. 检测分析

出现此故障现象主要由4种线路故障类型导致,包括断路、对地短路、对电源供电线路短路、线间短路。排除此类故障时,首先从电压值上判断,以缩小故障范围,然后利用CAN线波形进行特征验证。

项目三　高压行驶系统故障诊断与排除

2. 检测电路

需要检测的部分电路如图 3-17 所示。

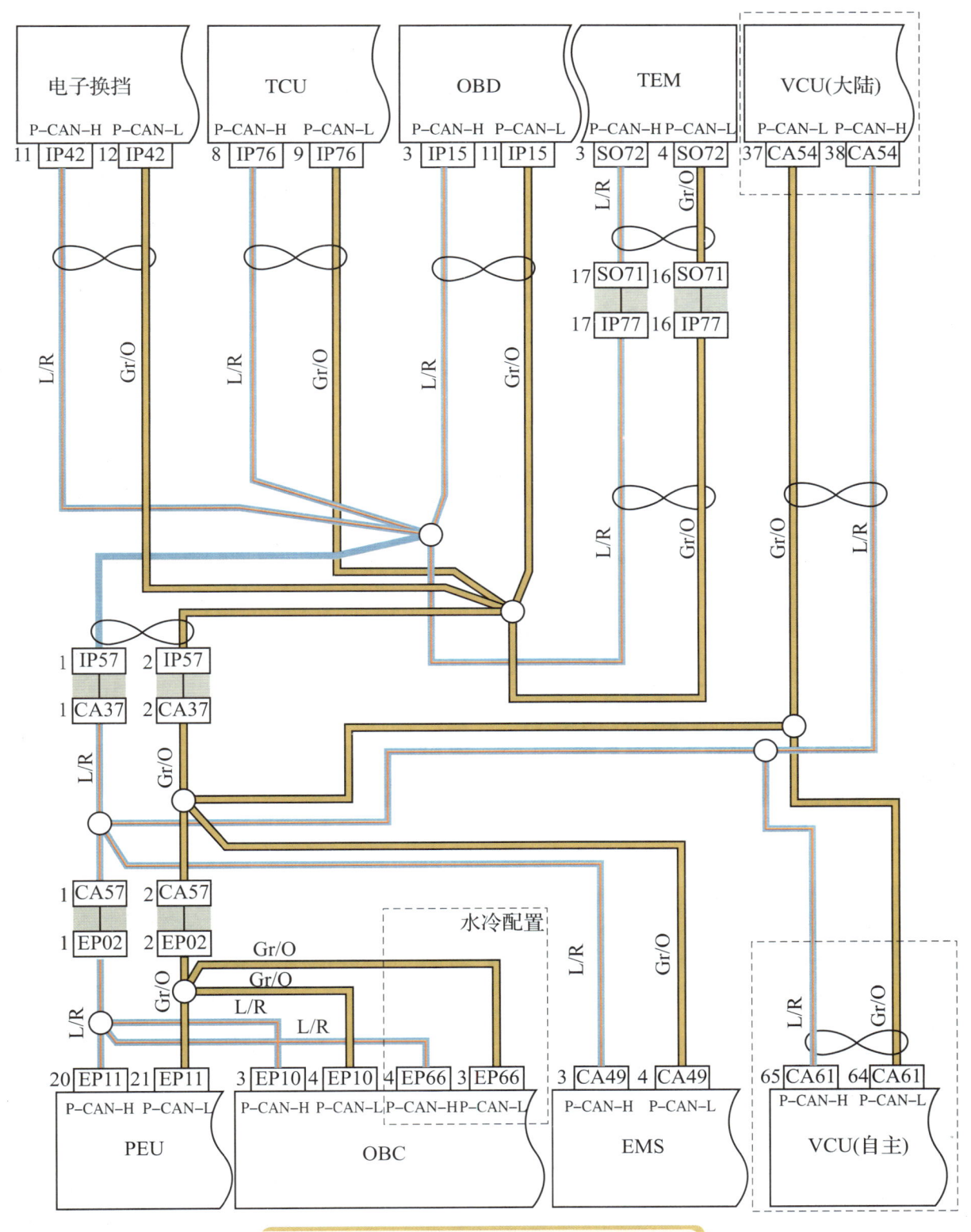

图 3-17　需要检测的部分电路

3. 具体检测过程

故障诊断与排除准备工作完毕之后，整个诊断过程如图 3-18 至图 3-21 所示。

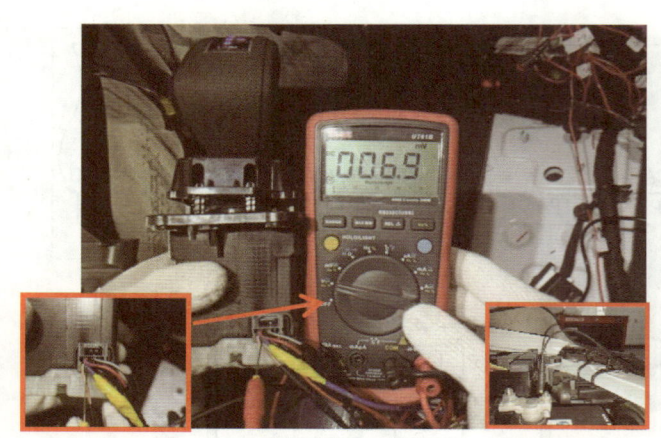

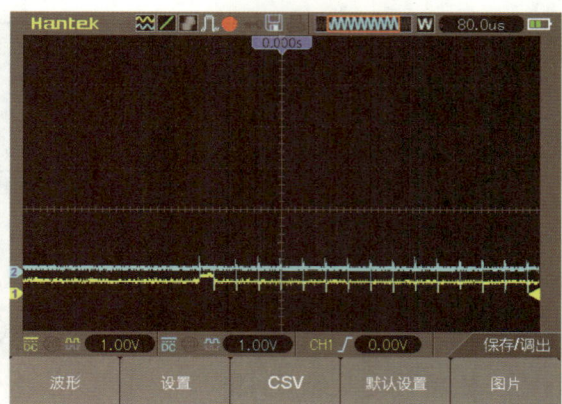

图 3-18　背插测量 IP42/11 线到搭铁间电压值（0 V）

图 3-18 右图为 IP42/11 以及 IP42/12 对地波形（波形异常呈一条直线）。

图 3-19　车辆下电，断开低压电源负极

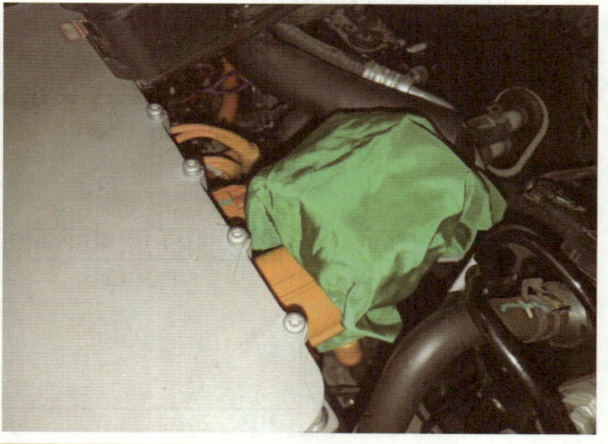

图 3-20　断开高压连接部件，静置 5 min

项目三　高压行驶系统故障诊断与排除

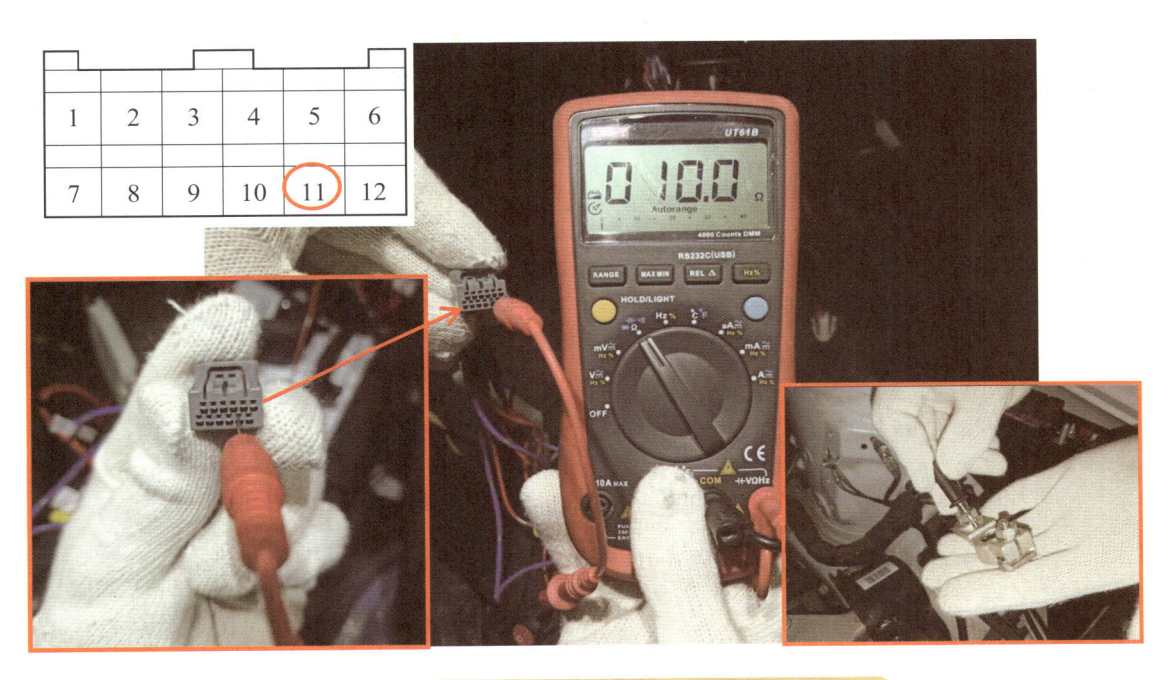

图 3-21　测量 IP42/11 线到负极之间电阻（10Ω）

任务评价

一、展示学习成果

二、根据评分标准团队内部和团队间交互完成质量检查

P-CAN 线路故障诊断与排除质量评价表如表 3-4 所示。

表 3-4　P-CAN 线路故障诊断与排除质量评价表

项目	检查点	评价标准	配分	检测记录 自检	检测记录 互检	得分
检测分析	读取故障代码，并进行有效分析	分析不准确不得分	15			
检测分析	查阅电路图，准确找到相关位置	查找不准确不得分	10			
检测过程	背插测量 IP42/11 线到搭铁间电压值	测量不准确不得分	15			
检测过程	车辆下电，断开低压电源负极	操作不准确不得分	15			
检测过程	断开高压连接部件，静置 5 min	操作不准确不得分	15			
检测过程	测量 IP42/11 线到负极之间电阻（10 Ω）	测量不准确不得分	10			
检测过程	故障点确认	确认不准确不得分	10			
	安全操作	违反安全规章 1 项扣 2 分（扣完为止），严重违章不得分	10			

三、学习感想交流

2022 年，中国的科学家们成功地把量子通信距离从最初实验室的 32 cm，扩展到今天的 4 600 km，并成功地实现了从地面到太空的多用户通信技术。目前中国量子通信技术研究团队已经完成了量子密钥的分发，作为下一次技术革命的突破点，量子技术正在开启通往新世界的大门，而这一次将由中国来引领。

中国是当今世界量子科学研究和应用最为前沿的国家，没有之一。2016 年，中国就发射了人类历史上首颗量子通信卫星——"墨子"号卫星，从而最先验证了量子空地数据传输技术。一直到今天，西方的量子卫星依然停留在图纸上，并且连设计工作都没有完成。中国在以量子技术和工程为主的新一轮产业革命中，已经遥遥领先世界。

将你的感想和老师、同学进行交流吧！

四、学习过程交流

（1）展示和讲述学习过程与学习成果。

（2）交流学习，发现、分析和解决 P-CAN 线路故障诊断与排除过程中出现的问题。

五、学习效能评价

团队内部完成学习效能评价的自评与互评。P-CAN 线路故障诊断与排除学习效能评价表如表 3-5 所示。

表 3-5　P-CAN 线路故障诊断与排除学习效能评价表

序号	项目	内容	程度	不能的原因
1	知识学习	永磁同步电机的结构与原理	☐能　☐不能	
2		MCU 控制系统的电路图识读	☐能　☐不能	
3		P-CAN 总线故障的分析方法	☐能　☐不能	
4		P-CAN 总线故障的排除流程编制	☐能　☐不能	
5		P-CAN 总线故障排除的安全规范	☐能　☐不能	
6	技能学习	P-CAN 总线检修工具设备的选择	☐能　☐不能	
7		P-CAN 总线故障的检测与操作	☐能　☐不能	
8		P-CAN 总线故障的排除与操作	☐能　☐不能	
9		P-CAN 总线检修质量的控制与判定	☐能　☐不能	
10		MCU 通信故障诊断与排除	☐能　☐不能	
经验积累与问题解决					
	经验积累		问题解决		
签审	①学生评价委员会意见： 年　月　日			评价等级认定
	②指导教师意见： 年　月　日			

六、综合能力评价

（1）团队内部完成综合能力的自评与互评。

（2）团队间交互完成学习效能的互评。

P-CAN 线路故障诊断与排除任务综合能力评价表如表 3-6 所示。

表 3-6　P-CAN 线路故障诊断与排除任务综合能力评价表

	学习任务名称					学习时间				
	班　　级					学习团队				
	评价指标		评价情况			否定结果原因		自评	互评	师评
1	学习态度	□优秀	□良好	□一般	□差					
2	知识学习	□优	□良	□中	□差					
3	技能学习	□优	□良	□中	□差					
4	流程编制	□优化	□合理	□一般	□不合理					
5	程序编制	□优化	□合理	□一般	□不合理					
6	完成时间	□提前	□准时	□延后	□未完成					
7	测验质量	□合格	□不良	□返修	□报废					
8	成果展示	□清晰流畅	□需要补充	□不清晰流畅						
9	操作方法	□正确	□部分正确	□不正确						
10	安全规范	□很好	□好	□较好	□不好					
11	7S 管理	□很好	□好	□较好	□不好					
12	分工协作	□很好	□好	□较好	□不好					
13	沟通交流	□很好	□好	□较好	□不好					
14	问题解决	□及时	□较及时	□不及时						
15	创新精神	□优秀	□良好	□一般	□不足					
16	规划掌控	□很好	□好	□较好	□不好					
学习任务完成自评总结						亮点				
						缺点				
团队评价	团队自评		□优 □良 □中 □差			团队互评		□优 □良 □中 □差		

学生个人评价

姓名＼项目	1	2	3	4	5	6	7	8	9	10	11	12	13	14	15	16

审定意见

学习组长	指导教师	教研组长
年　月　日	年　月　日	年　月　日

说明：（1）此表主要对学习任务中的综合能力进行评价。

　　　（2）每一个学习任务完成后，学生必须客观、真实、公正地进行评价和填报此表，此表可作为综合学习项目的评价依据。

　　　（3）学生个人评价在学习团队内部进行，评价指标代码对应团队考核评价指标。

拓展提升

（一）接续任务学习的准备工作布置

（1）进行任务二驱动电机温度信号故障诊断与排除的学习信息收集与筛选和资源的准备。

（2）进行任务二驱动电机温度信号故障诊断与排除的学习设备与工具的准备。

（二）拓展阅读

2019年，华为5G+C-V2X车载通信技术成功当选全球新能源汽车八大创新技术之一，基于该技术，华为研发出全球首款5G车载模组MH 5000。该模组让车载终端不仅具备高速率、低延时的5G移动通信能力，还可以同时具备车路协同的C-V2X（Cellular Vehicle-to-Everything）通信能力，加快汽车行业进入5G时代，让最终消费者享受5G时代的高速连接服务和驾乘体验。

华为5G通信模组MH 5000高度集成了5G与C-V2X技术，采用全球领先的5G基带芯片Balong 5000，具备单芯多模、高速率、上下行链路解耦，支持SA（5G独立组网）和NSA（5G非独立组网）双模组网，支持C-V2X等多项全球领先的特性。MH 5000是目前全球唯一全面兼容SA和NSA双模的商用模组，能帮助行业客户灵活接入全球不同5G模式的网络；MH 5000也是全球第一款同时支持车路协同C-V2X技术的5G模组，支持Uu(终端和基站之间的通信接口)+PC5(车、人、路之间的短距离直接通信接口)并发。此外，MH 5000还具备超强应用处理器AP与OpenCPU开放式软件架构，方便用户开发丰富的第三方应用。

此次华为5G+C-V2X通信技术的入选，代表了业界对5G通信模组MH 5000领先性与创新性的认可。华为以端到端车载解决方案与产品的高性能、高质量、高可靠性闻名，其模组已经获得很多国内外顶尖汽车企业青睐，也畅销各个行业。未来华为将继续携手汽车企业、行业客户、合作伙伴、开发者，构筑汽车网联化与工业互联网的产业与生态，共同促进汽车与工业无线互联的高速发展。

任务二　驱动电机温度信号故障诊断与排除

任务描述

吉利帝豪 EV450 电动汽车可以行驶，但是最高车速只能达到 6 km/h，车主已将该车开至店中进行维修。请在约定时间内对车辆进行诊断与维修，并给客户提出用车建议。

知识准备

一、驱动电机位置传感器的线路原理

驱动电机位置传感器是一种输出电压随转子变化的信号元件，这个信号用来精确测量驱动电机的转子转角，MCU 根据转子信号来确定输入给驱动电机三相电的初相位，并根据驾驶需求，对驱动电机进行控制。如果此信号异常，MCU 将无法判断当前转子的位置，从而无法对功率元件的导通时间进行控制，致使驱动电机无法运行。

图 3-22 所示为驱动电机位置传感器的线路原理，可以看出，传感器由励磁绕组、正弦绕组、余弦绕组构成，其中 MCU 的 BV11/22 端子和位置传感器的 BV13/11 端子连接，通过位置传感器内部绕组，再从传感器 BV13/12 端子输出至 MCU 的 BV11/15 端子，MCU 通过励磁绕组输出振幅、频率恒定的正弦波，其中绕组阻值为（9.5±1.5）Ω；MCU 的 BV11/24 端子和位置传感器的 BV13/10 端子连接，通过位置传感器内部绕组，再从传感器 BV13/9 端子输出至 MCU 的 BV11/7 端子，MCU 通过正弦绕组产生的波形判断驱动电机转子位置、速度和方向，其中绕组阻值为（13.5±1.5）Ω；MCU 的 BV11/23 端子和位置传感器的 BV13/8 端子连接，通过位置传感器内部绕组，再从传感器 BV13/7 端子输出至 MCU 的 BV11/16 端子，MCU 通过余弦绕组产生的波形判断驱动电机转子位置、速度和方向，其中绕组阻值为（14.5±1.5）Ω。

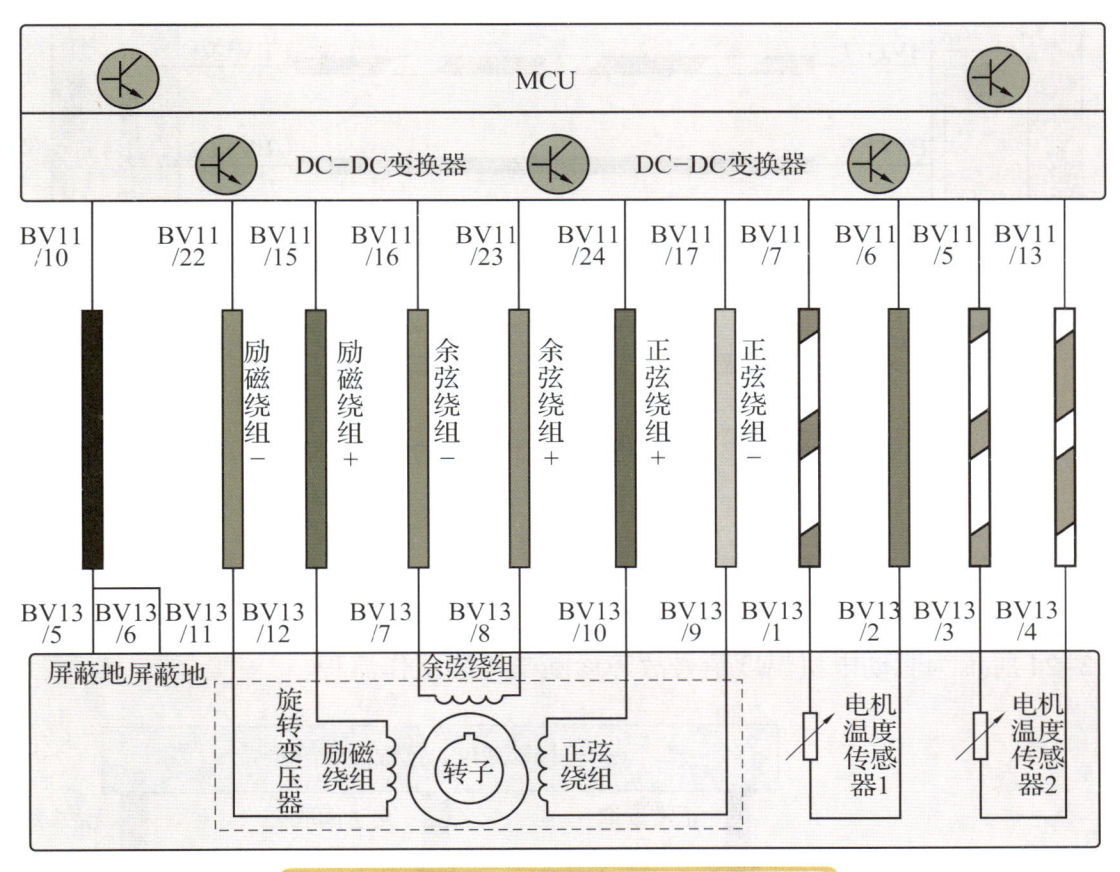

图 3-22　驱动电机位置传感器的线路原理

二、驱动电机温度传感器的线路原理

图 3-23 所示为驱动电机温度传感器的线路原理，可以看出，驱动电机温度传感器有两个，其中温度传感器 1 由 MCU 的 BV11/7 端子和温度传感器 1 的 BV13/1 端子之间线路连接，输出 +5 V 信号参考电压，通过温度传感器 1，再从温度传感器 1 的 BV13/2 端子至 MCU 的 BV11/6 端子之间线路至 MCU 内部搭铁构成回路；温度传感器 2 由 MCU 的 BV11/5 端子和温度传感器 2 的 BV13/3 端子之间线路连接，输出 +5 V 信号参考电压，通过温度传感器 2，再从温度传感器 2 的 BV13/4 端子至 MCU 的 BV11/13 端子之间线路至 MCU 内部搭铁构成回路。

如果有一个温度传感器出现故障，MCU 将使用另一个进行替代；如果两个温度传感器同时出现故障，MCU 将启动整车限制功率保护功能，车辆最高车速及加速性能将受限，同时仪表将点亮限制功率指示灯，警示驾驶人尽快维修。

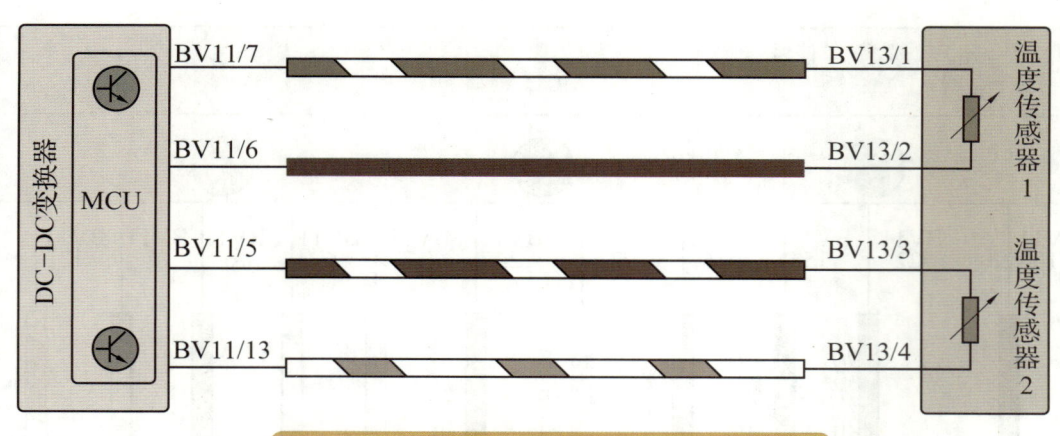

图 3-23 驱动电机温度传感器的线路原理

三、驱动电机温度信号故障检测验证工作流程

图 3-24 所示为驱动电机温度信号故障诊断与检测工作流程。

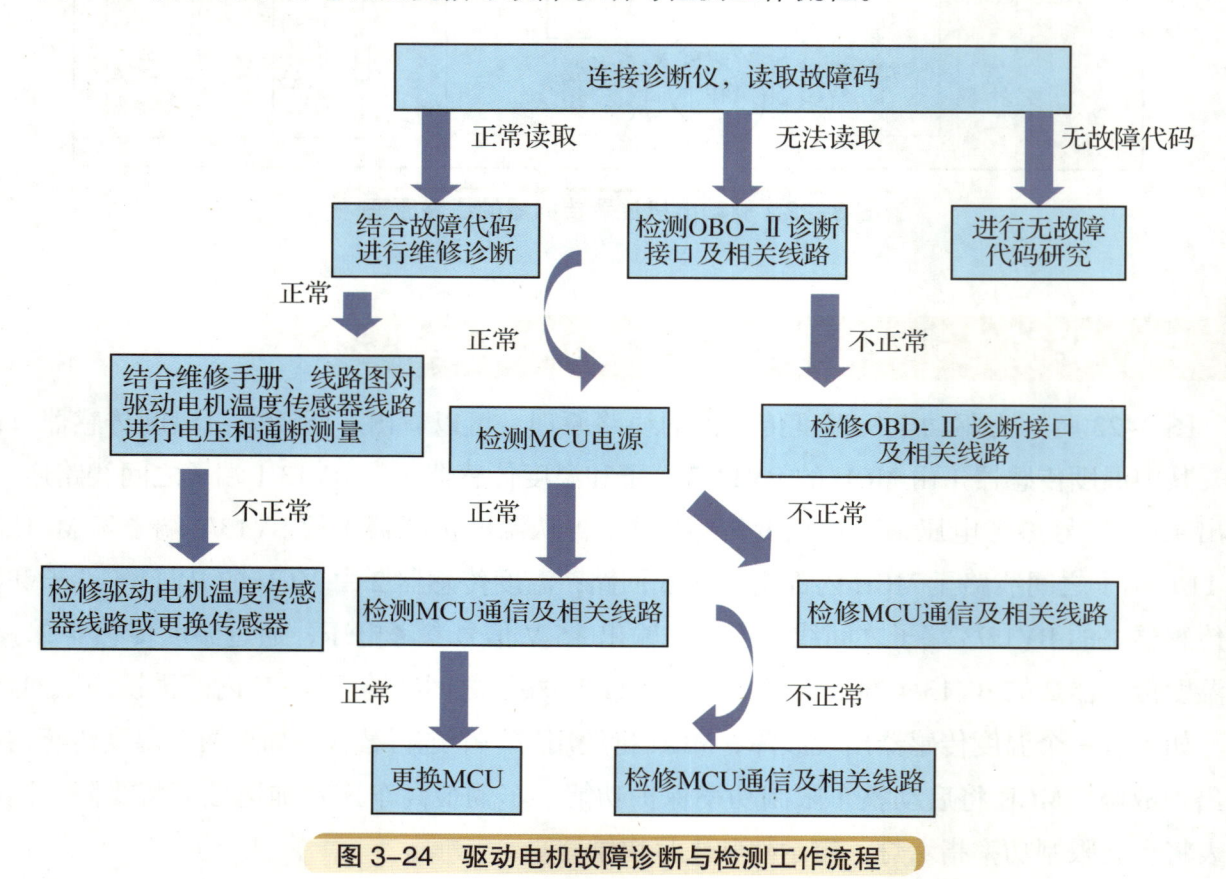

图 3-24 驱动电机故障诊断与检测工作流程

现在的汽车一般具有自诊断功能，即使通过故障现象也可以明确故障范围，但最好首先读取故障记忆，因为这特别有利于快速发现故障。如果有故障代码，应清楚故障代码的定义和生成条件，并基于此展开故障诊断和检修；如果没有故障代码，应基于系统的结构与工作原理进行系统诊断。

连接诊断仪器，扫描 MCU，读取故障代码，实测过程中会遇到以下几种情况。

（1）诊断仪可以正常和 MCU 通信，但系统没有故障记忆。这种情况下只能根据故障现象，按照无故障代码的诊断方法进行诊断。

（2）诊断仪可以正常和 MCU 通信，并可以读取到系统中所存储的故障代码，此时应结合故障代码信号进行维修。

（3）在打开点火开关后操作诊断仪，诊断仪不能正常和 MCU 通信，从而无法读取系统中所存储的故障代码。此时，应操作诊断仪和其他控制单元进行通信，综合所有控制单元的通信状况来判定故障所在。图 3-25 所示为吉利帝豪 EV 系列诊断通信线路原理，可以看出，诊断仪通过连接线（或无线或蓝牙通信）、OBD-Ⅱ诊断接口、CAN 总线与 MCU 或其他控制单元进行通信。

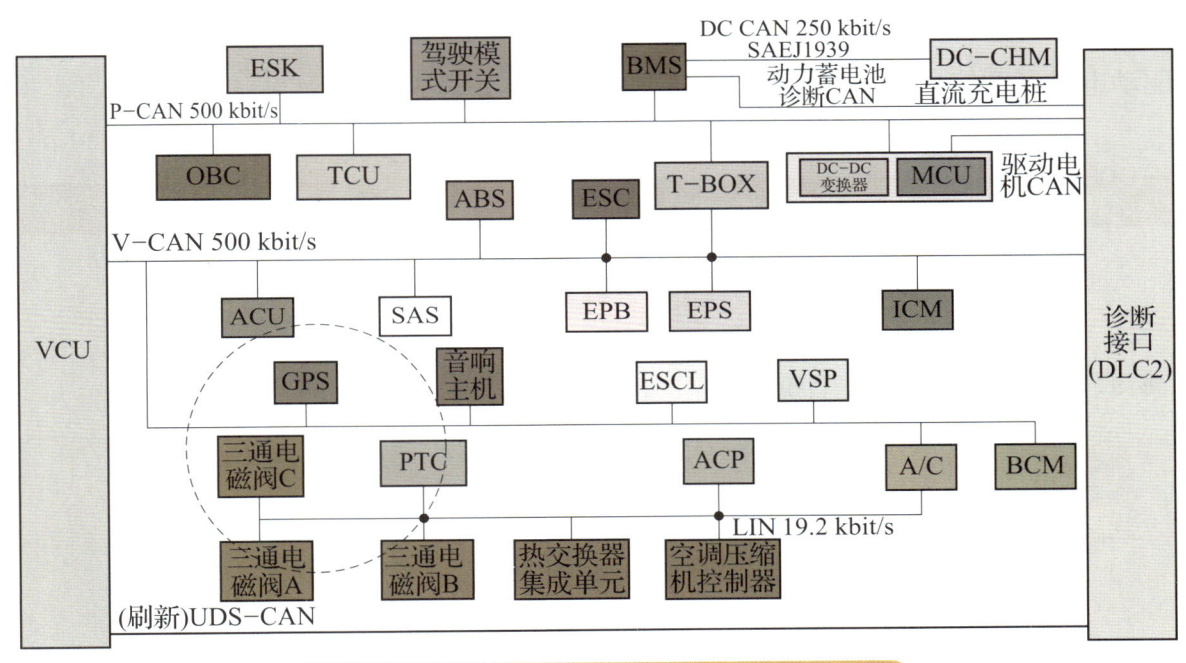

图 3-25 吉利帝豪 EV 系列诊断通信线路原理

（4）如果诊断仪无法进入车辆所有系统，则可能是诊断仪、诊断连接线、无线或蓝牙通信、OBD-Ⅱ诊断接口、CAN 总线中的一个或多个出现故障；如果只是某个控制单元无法到达，则可能是该控制单元或其电源线路、相邻的 CAN 总线区间出现故障。

利用故障代码进行故障诊断时按以下步骤进行。

（1）读取故障代码，查阅资料了解故障代码的定义和生成条件。

（2）验证故障代码的真实性，验证的方法也分两步：

①通过清除故障代码、模仿故障工况运行车辆，再次读取故障代码。

②通过数据流或在线测量值来判定故障真实性，并由此展开系统测量。

任务实施

一、安全操作规章

（1）在进行故障检测前判断周围环境是否干燥，有无灭火器材等。
（2）检测前，做好安全防护准备工作，如绝缘手套、护目镜、绝缘鞋等的检查与穿戴。
（3）在进行驱动电机温度信号故障诊断与检测操作时，做好车辆的检查工作。
（4）使用绝缘电阻测试仪、万用表等工具时，必须提前校对仪器的准确性。
（5）对检测所获得的数据，必须认真记录，准确计算，仔细分析，保证检测的准确、快捷。

二、驱动电机温度信号故障诊断与检测工具准备

驱动电机温度信号故障诊断与检测工具准备清单如表 3-7 所示。

表 3-7 驱动电机温度信号故障诊断与检测工具准备清单

类型	名称	规格	图示
防护工具	绝缘手套	绝缘	
	护目镜	绝缘	
	安全帽	绝缘	
检测工具	诊断仪	X431	
	万用表	优利德	
	示波器	优利德	
	兆欧表	FLUKE	
拆装工具	工具车	绝缘	

三、驱动电机温度信号故障诊断与检测

1. 读取故障代码

连接诊断仪至 OBD 诊断接口后，踩制动踏板并保持，打开点火开关，使用诊断仪与 MCU、BMS、VCU 进行通信，只有在 MCU 内部才可能读取到表 3-8 中的一个或多个故障代码。

表 3-8　从 MCU 内部读取的故障代码

故障诊断	代码说明
P0A2D00	定子温度最小值小于阈值
P0A2C00	定子温度最大值超过阈值
P0A2B00	定子温度过温故障
P0A2B01	定子温度不合理故障
P0A9300	冷却液过温故障

2. 故障代码分析

通过诊断仪的数据流查看功能读取电机温度数值，可以读取到驱动电机的温度值。如果显示的温度大于 120 ℃或低于 -40 ℃，则说明温度传感器信号线路异常或电机温度异常。

根据驱动电机温度传感器的结构与工作原理、故障现象、故障代码及数据流信号可知，温度传感器信号异常的可能原因主要有以下几种。

（1）温度传感器 1 或温度传感器 2 自身故障。

（2）温度传感器 1 或温度传感器 2 与 MCU 之间线路故障。

（3）MCU 自身故障。

说明：两个温度传感器的检测方法完全相同，所以此处只对温度传感器 1 线路检测做说明。

3. 线路测试

（1）分别测试两个温度传感器输入端对地电压。

（2）分别测试两个温度传感器对地电阻。

（3）分别测试两个温度传感器 4 条线路的导通性，包括 BV11/7 和 BV13/1 线路、BV11/6 和 BV13/2 线路、BV11/5 和 BV13/3 线路、BV11/13 和 BV13/4 线路。

4. 诊断结论验证

（1）将点火开关置于"OFF"（关闭）位置。

（2）安装所有诊断时拆下或更换的部件及插接器。

（3）诊断时，对拆除过或更换过的部件及单元，根据需要执行调整、编程或设置程序。

（4）将点火开关置于"ON"（打开）位置。

（5）读取并清除故障代码。

（6）关闭点火开关 60 s。

（7）踩下制动踏板，打开点火开关，车辆仪表显示正常，切换至 P 位或 R 位进行试车，车辆运行正常。

任务评价

一、展示学习成果

二、根据评分标准团队内部和团队间交互完成质量检查

驱动电机温度信号故障诊断与排除质量评价表如表 3-9 所示。

表 3-9　驱动电机温度信号故障诊断与排除质量评价表

项目	检查点	评价标准	配分	检测记录 自检	检测记录 互检	得分
检测分析	读取故障代码并进行有效分析	分析不准确不得分	5			
	查阅电路图准确找到相关位置	操作不准确不得分	5			
检测过程	测量温度传感器 1 输入端 BV11/7 对地电压	测量不准确不得分	10			
	测量温度传感器 1 输入端 BV11/6 对地电压	测量不准确不得分	10			
	测量温度传感器 2 输入端 BV11/5 对地电压	测量不准确不得分	10			
	测量温度传感器 2 输入端 BV11/13 对地电压	测量不准确不得分	5			
	测试 BV11/7 和 BV13/1 线路导通性	测试不准确不得分	5			
	测试 BV11/6 和 BV13/2 线路导通性	测试不准确不得分	10			
	测试 BV11/5 和 BV13/3 线路导通性	测试不准确不得分	10			
	测试 BV11/13 和 BV13/4 线路导通性	测试不准确不得分	10			
	故障点确认	确认不准确不得分	10			
	安全操作	违反安全规章 1 项扣 2 分（扣完为止），严重违章不得分	10			

三、学习感想交流

中国电动汽车用电机使用的主要原材料是硅钢片、稀土永磁材料钕铁硼及铜材等。其中，电动汽车用电机所用硅钢片主要为无取向硅钢片。

2016—2020 年，我国硅钢片行业市场总体呈增长态势。2018 年，我国硅钢片市场呈现回归理性的态势，较 2016 年产量有所下降。2020 年，我国硅钢片产量增速有所放缓，为 4.6%，达 1 118.11 万吨，其中无取向硅钢片产量为 960.49 万吨。

在稀土永磁材料钕铁硼方面，新能源汽车的需求占到稀土永磁总需求的 7%~8%。从产量上来看，中国为世界第一大稀土钕铁硼生产国。新能源汽车、节能家电、电动工具、工业机器人等行业为稀土永磁材料行业发展提供了重要支撑。2009—2022 年，我国稀土永磁材料产量逐年增长。2022 年高达 24.6 万吨。

将你的感想和老师、同学进行交流吧！

四、学习过程交流

（1）展示和讲述学习过程与学习成果。

（2）交流学习，发现、分析和解决驱动电机故障诊断与检测过程中出现的问题。

五、学习效能评价

团队内部完成学习效能评价的自评与互评。驱动电机温度信号故障诊断与排除学习效能评价表如表3-10所示。

表3-10 驱动电机温度信号故障诊断与排除学习效能评价表

序号	项目	内容	程度	不能的原因
1	知识学习	电机位置、温度传感器的功能原理	□能 □不能	
2		驱动电机的电路图识读	□能 □不能	
3		驱动电机温度信号故障的分析方法	□能 □不能	
4		驱动电机温度信号故障排除的流程编制	□能 □不能	
5		驱动电机温度信号故障排除的安全规范	□能 □不能	
6	技能学习	驱动电机温度信号检修工具设备的选择	□能 □不能	
7		驱动电机温度信号故障的检测与操作	□能 □不能	
8		驱动电机温度信号故障的排除与操作	□能 □不能	
9		驱动电机温度信号的检修质量控制与判定	□能 □不能	
10		驱动电机温度信号故障的诊断与排除	□能 □不能	
经验积累与问题解决				
经验积累		问题解决		
签审	①学生评价委员会意见：　　　　　　年　月　日　②指导教师意见：　　　　　　年　月　日			评价等级认定

六、综合能力评价

（1）团队内部完成综合能力的自评与互评。

（2）团队间交互完成学习效能的互评。

驱动电机温度信号故障诊断与排除任务综合能力评价表如表3-11所示。

表 3-11 驱动电机温度信号故障诊断与排除任务综合能力评价表

学习任务名称			学习时间				
班　　级			学习团队				
评价指标		评价情况		否定结果原因	自评	互评	师评
1	学习态度	□优秀　□良好　□一般　□差					
2	知识学习	□优　□良　□中　□差					
3	技能学习	□优　□良　□中　□差					
4	流程编制	□优化　□合理　□一般　□不合理					
5	程序编制	□优化　□合理　□一般　□不合理					
6	完成时间	□提前　□准时　□延后　□未完成					
7	测验质量	□合格　□不良　□返修　□报废					
8	成果展示	□清晰流畅　□需要补充　□不清晰流畅					
9	操作方法	□正确　□部分正确　□不正确					
10	安全规范	□很好　□好　□较好　□不好					
11	7S 管理	□很好　□好　□较好　□不好					
12	分工协作	□很好　□好　□较好　□不好					
13	沟通交流	□很好　□好　□较好　□不好					
14	问题解决	□及时　□较及时　□不及时					
15	创新精神	□优秀　□良好　□一般　□不足					
16	规划掌控	□很好　□好　□较好　□不好					
学习任务完成自评总结				亮点			
				缺点			
团队评价		团队自评	□优　□良　□中　□差	团队互评	□优　□良　□中　□差		

学生个人评价	项目 姓名	1	2	3	4	5	6	7	8	9	10	11	12	13	14	15	16

审定意见	学习组长 年　月　日	指导教师 年　月　日	教研组长 年　月　日

说明：（1）此表主要对学习任务中的综合能力进行评价。

（2）每一个学习任务完成后，学生必须客观、真实、公正地进行评价和填报此表，此表可作为综合学习项目的评价依据。

（3）学生个人评价在学习团队内部进行，评价指标代码对应团队考核评价指标。

拓展提升

（一）接续任务学习的准备工作布置

（1）进行项目四任务一交流充电CC信号故障诊断与排除学习信息收集与筛选和资源的准备。

（2）进行项目四任务一交流充电CC信号故障诊断与排除学习设备与工具的准备。

（二）拓展阅读

作为纯电动汽车极其重要的组成部分，电机技术目前分为感应异步电机和永磁同步电机两大类。在市场应用方面，后者占据了大部分市场份额。下面，我们就来简单了解一下这两类电机技术的优缺点。

感应异步电机也叫交流异步电机。从名称上可以看出，这种技术下转子和定子处于"异步"状态，转子比定子转动慢一点。这也是由于这种"异步"效应引起的打滑，打滑在转子导体上产生电流。由于"异步"，很难保持稳定的磁场旋转和更高的电磁转换效率。相反，在成本控制方面，感应异步电机可以使用更容易获得的铝和铜，这也让这项技术有了立足之地。

永磁同步电机从字面上也很容易理解，就是通过在转子上加入永磁体来增强转子的性能。它以同步转速的形式与定子形成电流，在转换效率和稳定性上高于感应异步电机，从而直观地为电池组提供更高的续航能力，这也是大多数汽车企业选择永磁同步电机的主要原因之一。但由于需要永磁体，钕稀土材料在准入和采购价格上更难控制。

在电机技术层面，与最大功率输出相比，效率转换更受汽车企业重视。为了实现更好的电池寿命，永磁同步电机成为目前首选的电机技术。

为了更好地满足续航，也为了满足消费者的需求，在技术选择上，即使感应电机成本更低，汽车企业也更愿意选择永磁同步电机来增加车辆的续航里程。

在未来的应用趋势中，随着新能源市场的不断扩大，成本控制仍是厂商首要考虑的问题，因此感应异步电机将在下一步受到更多关注。按照新能源市场的增长速度，对永磁材料的需求会让其价格越来越高，性价比的不足会进一步显示出感应异步电机的成本优势。

项目四

充电系统故障诊断与排除

项目描述

充电系统故障诊断与排除项目描述如表 4-1 所示。

表 4-1 充电系统故障诊断与排除项目描述

项目名称		充电系统故障诊断与排除		
项目描述	企业需求	根据客户反应,吉利帝豪 EV450 在使用过程中,充电系统无法充电。那么接下来我们将通过学习解决充电系统部分典型故障		
	知识目标	①掌握慢充系统机构与充电原理。 ②掌握快充系统结构与充电原理。 ③了解整车数据通信的检测与诊断。 ④掌握电路图的查询方法	学习时间	12 学时
	技能目标	①能够正确运用万用表、示波器、诊断仪等常见设备。 ②能够准确对线路原理图进行识读和分析。 ③能够对常见充电故障进行诊断与排除。 ④具备新标准、新政策的学习能力		
	素养目标	①能够在工作过程中养成团队合作意识。 ②养成 7S 的工作习惯。 ③养成精益求精的工匠精神。 ④加强追本溯源、勇于探究的意识		

电动汽车的使用越来越广,充电需求越来越多,市场对车辆的充电安全性和便利性提出了越来越高的要求,便利、安全且快速的充电是市场对车辆的一致需求。

一、电动汽车充电机

电动汽车充电机的分类有不同的方法，总体上可分为车载充电机和非车载充电机。

（1）车载充电机。车载充电装置是指安装在电动汽车上的，采用地面交流电网和车载电源对蓄电池组进行充电的装置，包括车载充电机、车载充电发电机组和运行能量回收充电机。车载充电机通常使用结构简单、控制方便的接触式充电器，也可以是感应充电器，完全按照车载蓄电池的种类进行设计，针对性较强。

（2）非车载充电机。非车载充电机即地面充电机，根据充电场所和充电需求的不同，地面充电机主要应用于家庭、充电站及各种公共场所。为了满足各种蓄电池的充电方式，通常地面充电机的功率、体积和重量都比较大，一般设计为大充电率。由于地面充电机和蓄电池管理系统在物理位置上是分开的，它们之间必须通过有线或无线进行通信。

二、电动汽车充电方式

（1）传导式充电方式。传导式充电方式又称接触充电方式，通常采用传统的接触器控制，使用者把充电电源接头（插头）连接到汽车上（插座），即利用金属接触来导电。

（2）无线充电方式。电动汽车无线充电方式的研究目前主要集中在感应充电方式上，不需要接触即可实现充电。感应充电方式采用感应耦合方式充电，即充电电源和汽车接收装置之间不采用直接电接触的方式，而是采用由分离的高频变压器组合而成，通过感应耦合，无接触式传输能量。采用感应耦合方式充电，可以有效避免接触式充电的缺点。

三、电动汽车充电模式

电动汽车充电模式的分类、特点及用途如表4-2所示。

表4-2 电动汽车充电模式的分类、特点及用途

充电模式		特点	用途
常规充电	小电流充电	充电电流约为15 A，充电功率小，一般为1~3 kW，充电时间通常为8~10 h	私家车、市内环卫车、企业商务车等日均行驶里程都在蓄电池的续驶里程范围之内的车辆
	中电流充电	充电电流为30~60 A，充电功率一般为5~20 kW，采用三相四线制380 V供电或单相220 V供电	购物中心、饭店门口、停车场等公共场所的小型充电站

续表

充电模式	特点	用途
快速充电	一般充电电流为150~400 A。充电机功率很大，一般为50~100 kW，采用三相四线制380 V供电。充电时间为20 min~2 h	通过在车辆运行的间隙快速充电来满足运营需要的车辆，如公交车、出租车等
蓄电池组快速更换	通过直接更换电动汽车的蓄电池组来达到为其充电的目的，时间一般为5~10 min	蓄电池组为标准化设计、易更换的车辆，如运营车辆

任务一 交流充电 CC 信号故障诊断与排除

任务描述

吉利帝豪 EV450 电动汽车可以正常行驶，快充正常，但对车辆进行交流充电时，车辆无法充电，请在约定时间内对车辆进行诊断与维修，并给客户提出用车建议。

知识准备

一、充电端口定义

充电口或充电插口指安装在电动汽车及插电式混合动力汽车上的电气插座，通常位于保护盖后面。充电口或充电插口的技术标准必须与插入车辆的充电插头一致，才能进行充电。充电口如图4-1所示。

1. 慢充端口

（1）定义：慢充端口包括供电插头和车辆

图 4-1 充电口

插头两部分。吉利帝豪 EV450 纯电动汽车供电插头采用的是国标 7 孔母座，车辆插头采用的是国标 7 孔公头，且两端能够很好地契合。慢充接口如图 4-2 所示。

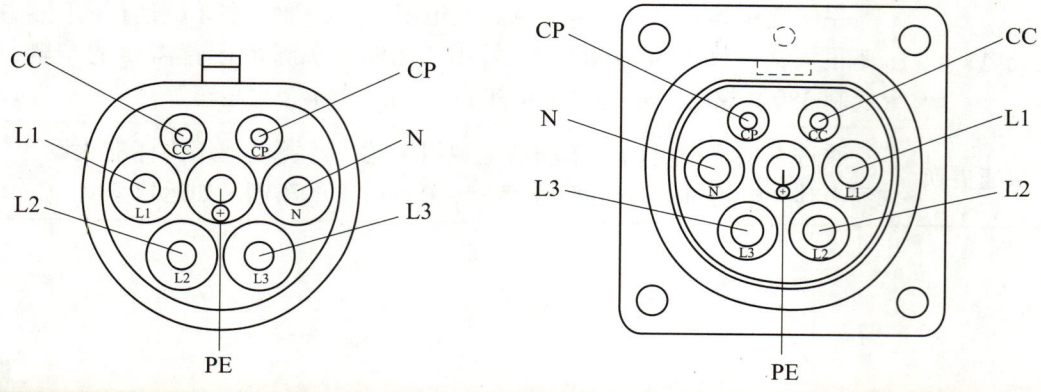

序号	端子名称	作用
1	L1	交流电源（单相）
2	L2	交流电源（三相）
3	L3	交流电源（三相）
4	N	中线
5	PE	保护接地，连接供电设备地线和车辆电平台
6	CC	充电连接确认
7	CP	控制导引

图 4-2 慢充接口

（2）作用：通过家用 220 V 插座和交流充电柜接入交流充电口，通过车载充电设备将高压交流电转为高压直流电给动力蓄电池充电。

（3）特点：采用铜合金表面镀银和顶部热塑性塑料工艺，具有防水、防尘、耐压、阻燃等优点。为避免混淆，供电插头和车辆插头采用不同结构，供电插头有凹槽，车辆插头无凹槽，并且插头的高度也不同。充电时间为 2~8 h。

2. 快充端口

（1）定义：快充端口包括供电插头和车辆插头两部分。吉利帝豪 EV450 纯电动汽车供电插头采用的是国标 9 孔母座，车辆插头采用的是国标 9 孔公头，且两端能够很好地契合。快充接口如图 4-3 所示。

项目四　充电系统故障诊断与排除

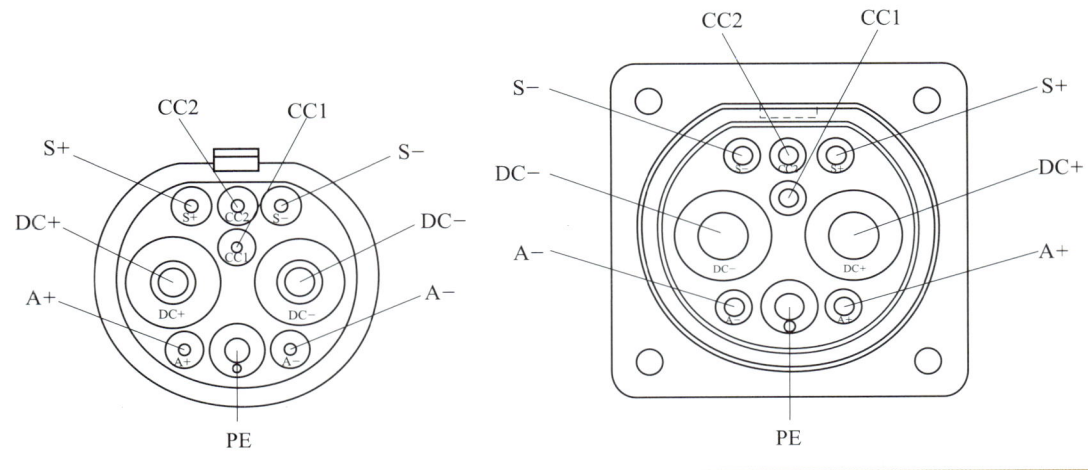

序号	端子名称	作用
1	DC+	直流电源正
2	DC-	直流电源负
3	PE	保护接地（PE）
4	S+	充电通信 CAN-H
5	S-	充电通信 CAN-L
6	CC1	充电连接确认
7	CC2	充电连接确认
8	A+	低压辅助电源正
9	A-	低压辅助电源负

图 4-3　快充接口

（2）作用：通过直流充电柜将高压直流电通过直流充电口给动力蓄电池充电。

（3）特点：直流充电桩采用三相四线制供电，可以提供足够的功率，输出的电压和电流调整范围大，可以达到快充的要求。

二、交流充电 CC 信号故障机理

图 4-4 所示为车载充电机拓扑电路，整机功率拓扑由整流电路、交错 PFC 升压电路和 LLC 谐振电路组成，整流电路将输入的 220 V 交流电转为脉动电流，经过 PFC 电路后变为直流电，然后进行逆变升压，最后将变压器输出的交变电流整流滤波后输入动力电池进行充电。充电过程中充电机接收 VCU 或 BMS 发送的充电电压、充电电流指令等进行工作，充电流程如图 4-5 所示。

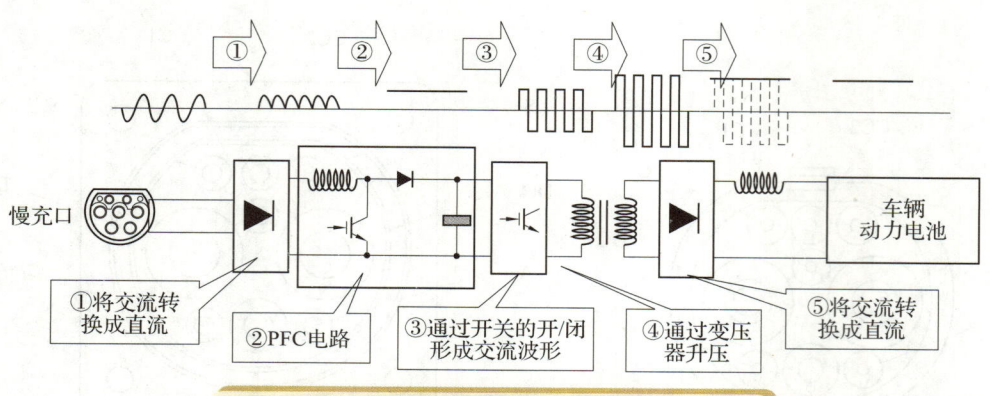

图 4-4 车载充电机拓扑电路

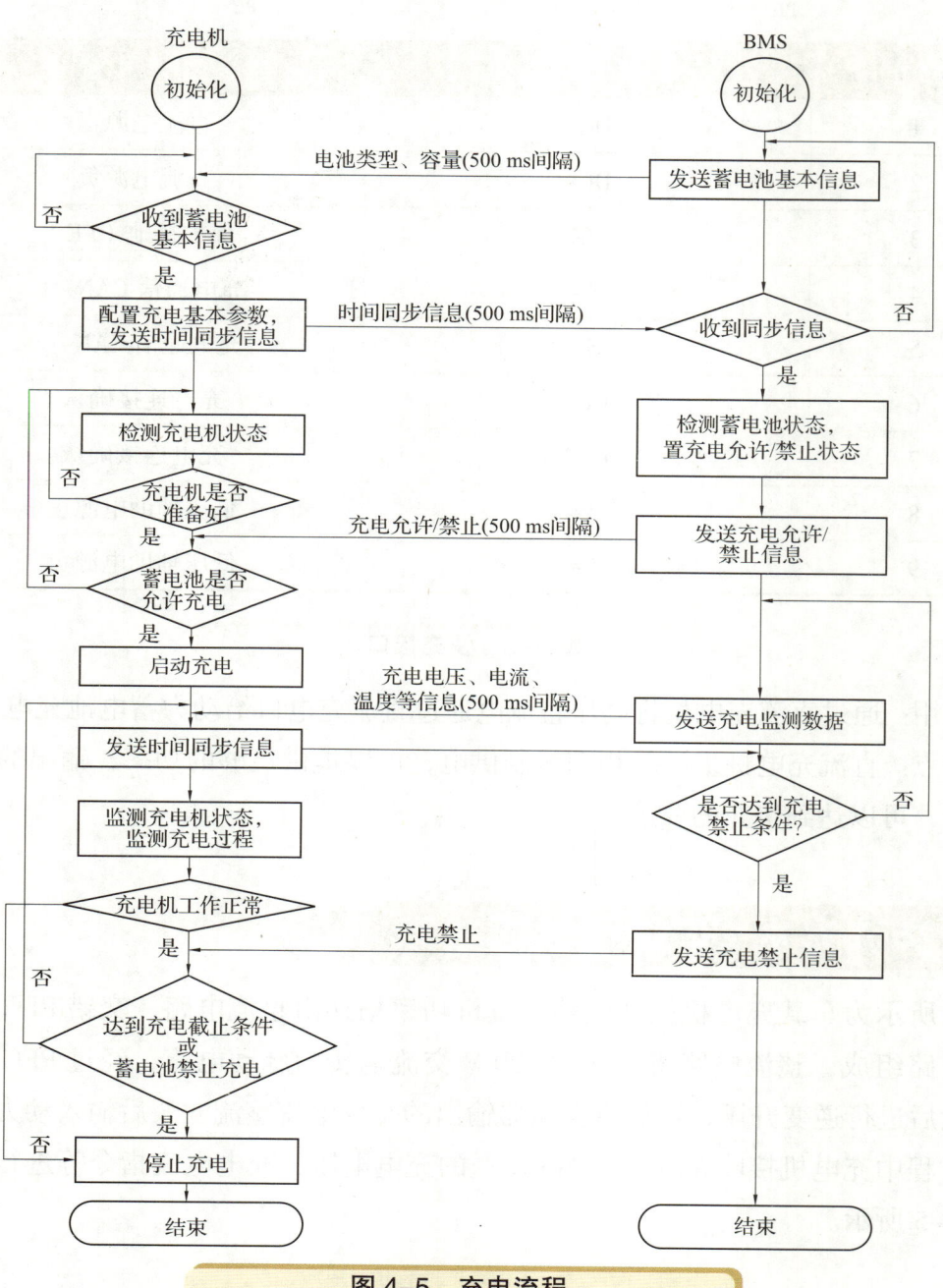

图 4-5 充电流程

当车载充电机连接到交流电后，通过BMS首先对电池的状态进行采集分析和判断，进而调整充电机的充电参数。

三、充电系统故障检测验证工作流程

图4-6所示为交流充电CC信号故障检测与诊断工作流程。

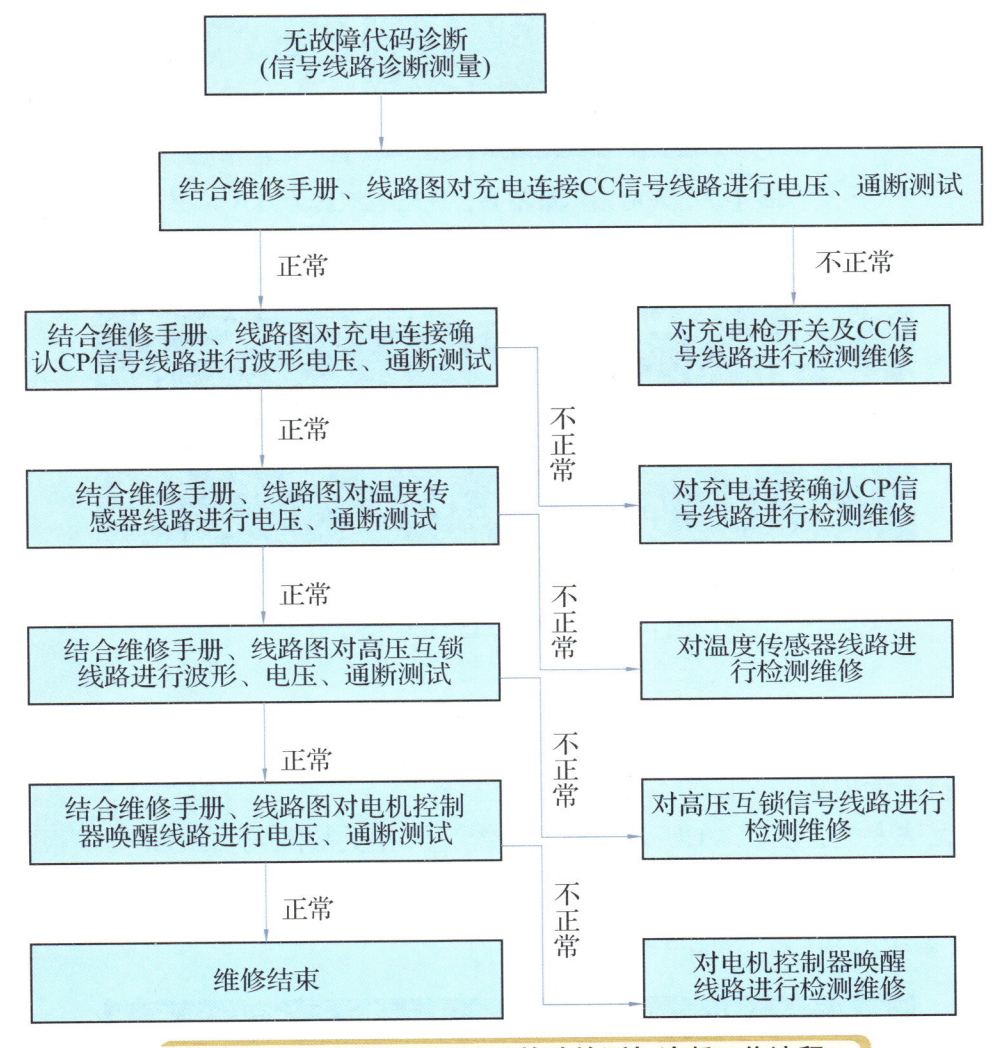

```
无故障代码诊断
(信号线路诊断测量)
         │
         ▼
结合维修手册、线路图对充电连接CC信号线路进行电压、通断测试
    正常 ↓                    ↓ 不正常
                          对充电枪开关及CC信
结合维修手册、线路图对充电连接确   号线路进行检测维修
认CP信号线路进行波形电压、通断测试
    正常 ↓       不正常→
                          对充电连接确认CP信
结合维修手册、线路图对温度传        号线路进行检测维修
感器线路进行电压、通断测试
    正常 ↓       不正常→
                          对温度传感器线路进
结合维修手册、线路图对高压互锁     行检测维修
线路进行波形、电压、通断测试
    正常 ↓       不正常→
                          对高压互锁信号线路进行
结合维修手册、线路图对电机控制     检测维修
器唤醒线路进行电压、通断测试
    正常 ↓       不正常→
                          对电机控制器唤醒
     维修结束                 线路进行检测维修
```

图4-6 交流充电CC信号故障检测与诊断工作流程

1. 故障现象

吉利帝豪EV450故障现象：仪表充电时不亮，桩端无电流输出，充电指示灯不亮。故障现象如图4-7和图4-8所示。

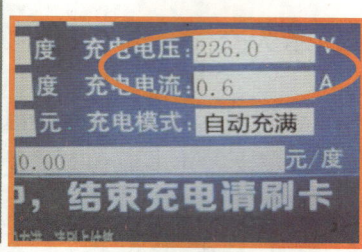

图 4-7 充电指示灯不亮，充电电流约为 0 A

图 4-8 车内仪表无充电提示

2. 模块通信状态及故障码检查

（1）故障码文字描述。

因为低压无法上电，所以 VCU 无法进入系统，无相关故障码，ACM 模块报系统正常。

（2）故障诊断仪显示。

读取 ACM 系统故障码，如图 4-9 所示。

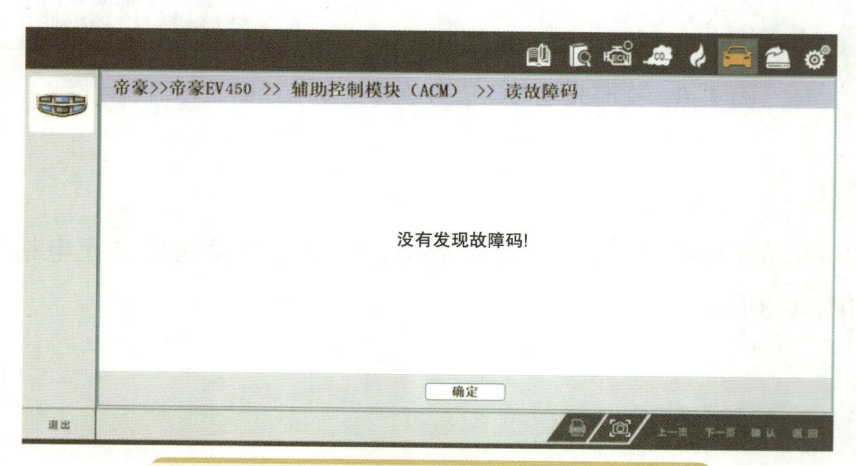

图 4-9 读取 ACM 系统故障码

（3）相关数据流文字描述。

ACM 检测充电口 CC 信号未连接。

（4）相关数据流故障诊断仪显示。

ACM 在充电时的数据流信息如图 4-10 所示。

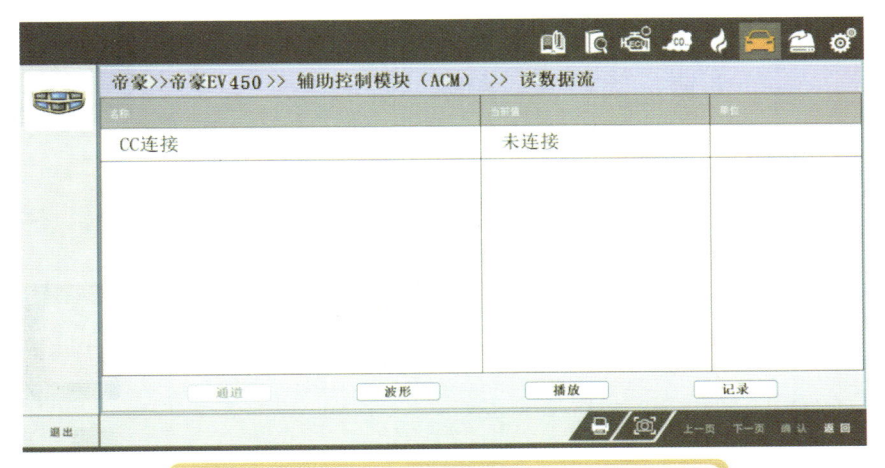

图 4-10　ACM 在充电时的数据流信息

3. 确认故障范围

桩端 CC、PE，车端交流充电口插座 CC、PE，SO87/CC 端线路故障。

任务实施

一、安全操作规章

（1）在进行故障检测前判断周围环境是否干燥，有无灭火器材等。

（2）检测前，做好安全防护准备工作，如绝缘手套、护目镜、绝缘鞋等的检查与穿戴。

（3）在进行交流充电 CC 信号故障的诊断与排除操作时，做好车辆充电系统的检查工作。

（4）使用绝缘电阻测试仪、万用表等工具时，必须提前校对仪器的准确性。

（5）对检测所获得的数据，必须认真记录，准确计算，仔细分析，保证检测的准确、快捷。

二、交流充电 CC 信号故障诊断与排除工具准备

交流充电 CC 信号故障诊断与排除工具准备清单如表 4-3 所示。

表 4-3　交流充电 CC 信号故障诊断与排除工具准备清单

类型	名称	规格	图示
防护工具	绝缘手套	绝缘	
	护目镜	绝缘	
	安全帽	绝缘	
检测工具	诊断仪	X431	
	万用表	优利德	
	示波器	优利德	
	兆欧表	FLUKE	
拆装工具	工具车	绝缘	

三、交流充电 CC 信号故障诊断与排除

根据故障范围分步骤进行线路流程检测。

1. 检测分析

根据故障现象及诊断仪数据流显示，大致将故障范围缩小至车端和桩端两个故障模块上，车端故障范围缩小至 CC 线路、CC 唤醒信号两条线路上，桩端故障范围缩小至 CC 与 PE 之间。

项目四　充电系统故障诊断与排除

2. 检测电路

需要检测的电路如图 4-11 所示。

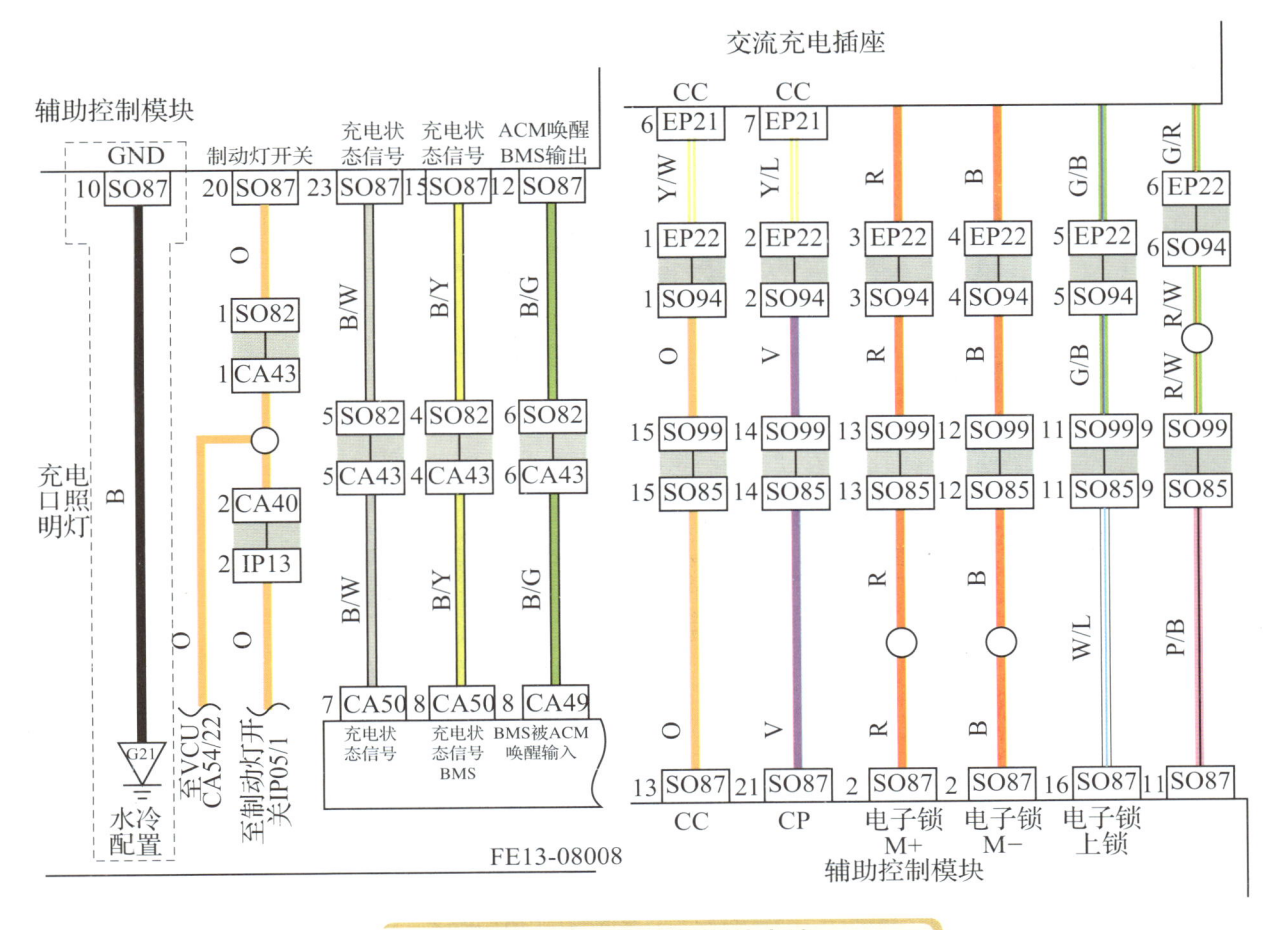

图 4-11　需要检测的电路

3. 具体检测过程

故障诊断与排除准备工作完毕之后，整个诊断过程如图 4-12 至图 4-20 所示。

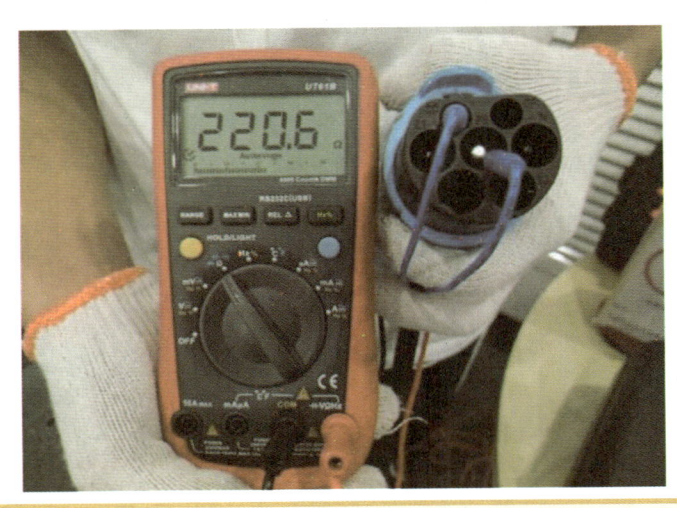

图 4-12　未按下充电枪锁止按钮时，测量 CC 与 PE 之间电阻值

105

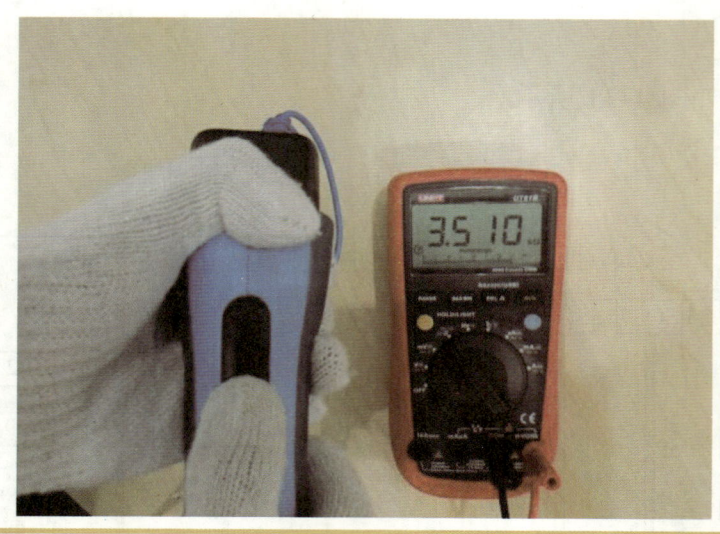

图 4-13 按下充电枪锁止按钮时,测量 CC 与 PE 之间电阻值

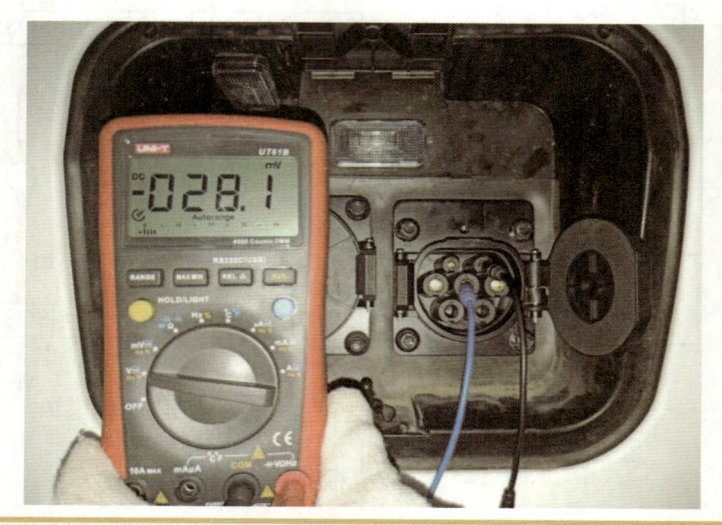

图 4-14 测量车端 CC 与 PE 之间电压值(正常值为 5 V)

图 4-15 测量车端 CC 到外界搭铁之间的电压值(正常值为 5 V)

项目四　充电系统故障诊断与排除

图 4-16　车辆下电，断开低压电源负极

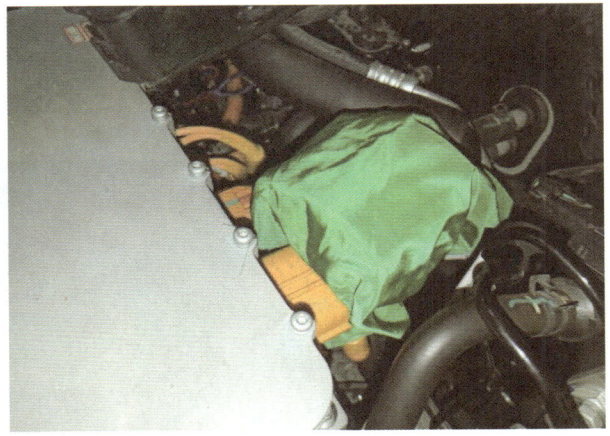

图 4-17　断开高压连接部件，静置 5 min

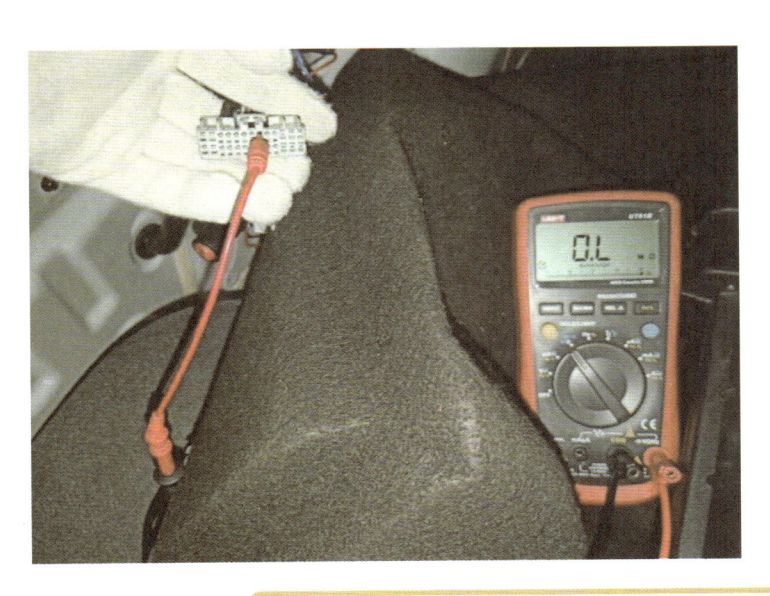

图 4-18　测量车端 CC 到 SO87/13 之间的电阻值（无穷大）

107

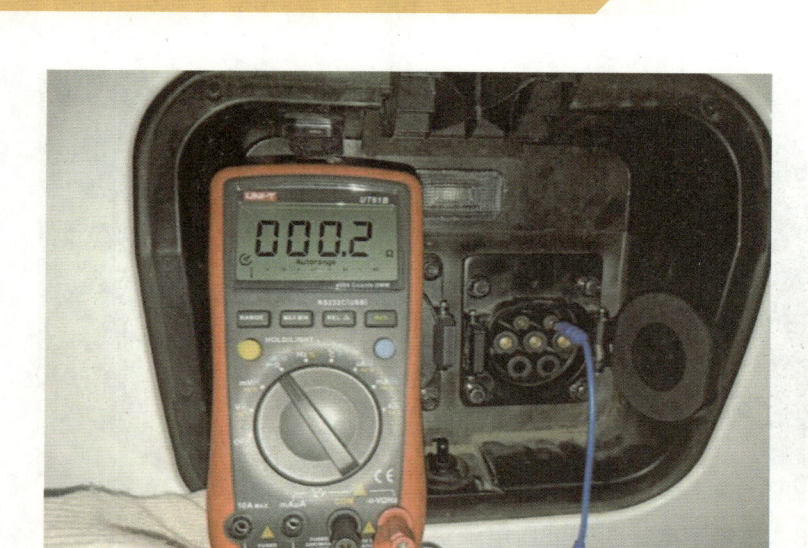

图 4-19　测量 SO99/15 到车端交流充电口 CC 端的电阻值

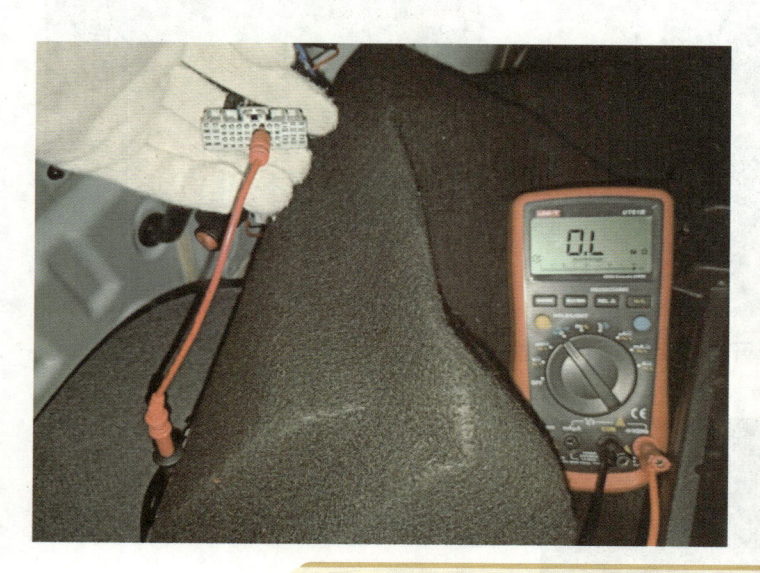

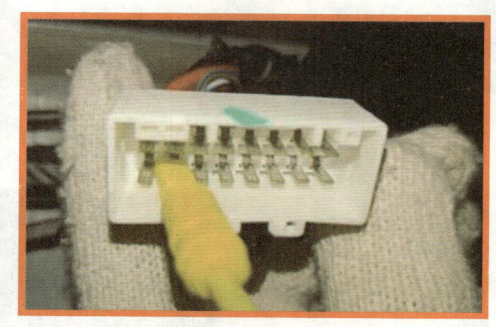

图 4-20　测量 SO85/15 到 SO87/13 之间的电阻值

根据故障码及数据流显示，可以将故障大致锁定在 CC 线路上。对充电枪进行测量发现，充电枪本身没有故障。接下来对车辆进行测量，CC 线路的电压为 0 V，不正常。断开高电压供电，对 CC 相关线路进行测量，CC 与 SO87/13 之间电阻为无穷大，说明该线路中存在断点故障。分段测量，SO99/15 到车端交流充电口 CC 端电阻约为 0 Ω，说明该线路正常。SO85/15 到 SO87/13 电阻为无穷大，说明该线路存在故障，为线路断路故障。

项目四 充电系统故障诊断与排除

任务评价

一、展示学习成果

二、根据评分标准团队内部和团队间交互完成质量检查

交流充电 CC 信号故障诊断与排除质量评价表如表 4-4 所示。

表 4-4 交流充电 CC 信号故障诊断与排除质量评价表

项目	检查点	评价标准	配分	检测记录 自检	检测记录 互检	得分
枪端测量	测量 CC 与 PE 之间电阻值（按下锁止按钮）	测量不准确不得分	5			
	测量 CC 与 PE 之间电阻值（松开锁止按钮）	测量不准确不得分	5			
车端测量	测量 CC 与 PE 之间电压值	测量不准确不得分	10			
	测量 CC 到外界搭铁之间的电压值	测量不准确不得分	10			
	车辆下电，断开低压电源负极	操作不准确不得分	10			
	断开高压连接部件，静置 5 min	操作不准确不得分	10			
	测量车端 CC 到 SO87/13 之间的电阻值	测量不准确不得分	10			
	测量 SO99/15 到车端交流充电口 CC 端的电阻值	测量不准确不得分	10			
	测量 SO85/15 到 SO87/13 之间的电阻值	测量不准确不得分	10			
	故障点确认	确认不准确不得分	10			
	安全操作	违反安全规章 1 项扣 2 分（扣完为止），严重违章不得分	10			

三、学习感想交流

阻碍电动汽车发展的最大障碍依然是续航焦虑,续航焦虑的本质是"补能焦虑",小鹏、极氪通过建设专属快充站来提升补能速度,从而降低了车主的续航焦虑。比亚迪与小鹏、极氪走了一条完全不同的路线,那就是让所有的充电站都可以成为自己的快充站。

通过全球首创的电驱升压充电技术,可以在 300~750 V 电压范围内进行直流快充,比亚迪成了全行业最不"挑食"的品牌,任何充电桩都可以发挥出最大的充电功效。

将你的感想和老师、同学进行交流吧!

四、学习过程交流

(1)展示和讲述学习过程与学习成果。

(2)交流学习,发现、分析和解决交流充电 CC 信号故障的检测与诊断过程中出现的问题。

五、学习效能评价

团队内部完成学习效能评价的自评与互评。交流充电 CC 信号故障诊断与排除学习效能评价表如表 4-5 所示。

表 4-5 交流充电 CC 信号故障诊断与排除学习效能评价表

序号	项目	内容	程度	不能的原因
1	知识学习	充电系统的结构与原理	□能 □不能	
2		充电系统的电路图识读	□能 □不能	
3		充电系统的故障分析方法	□能 □不能	
4		充电系统的故障排除流程编制	□能 □不能	
5		充电系统故障排除的安全规范	□能 □不能	
6	技能学习	充电系统工具设备的选择	□能 □不能	
7		充电系统的故障检测与操作	□能 □不能	
8		充电系统的故障排除与操作	□能 □不能	
9		充电系统的检修质量控制与判定	□能 □不能	
10		交流充电 CC 信号故障的诊断与排除	□能 □不能	

续表

经验积累与问题解决	
经验积累	问题解决

签审	①学生评价委员会意见： 年　月　日 ②指导教师意见： 年　月　日	评价等级认定

六、综合能力评价

（1）团队内部完成综合能力的自评与互评。

（2）团队间交互完成学习效能的互评。

交流充电 CC 信号故障诊断与排除任务综合能力评价表如表 4-6 所示。

表 4-6　交流充电 CC 信号故障诊断与排除任务综合能力评价表

学习任务名称			学习时间			
班　　级			学习团队			
评价指标		评价情况	否定结果原因	自评	互评	师评
1	学习态度	□优秀　□良好　□一般　□差				
2	知识学习	□优　□良　□中　□差				
3	技能学习	□优　□良　□中　□差				
4	流程编制	□优化　□合理　□一般　□不合理				
5	程序编制	□优化　□合理　□一般　□不合理				
6	完成时间	□提前　□准时　□延后　□未完成				
7	测验质量	□合格　□不良　□返修　□报废				
8	成果展示	□清晰流畅　□需要补充　□不清晰流畅				
9	操作方法	□正确　□部分正确　□不正确				
10	安全规范	□很好　□好　□较好　□不好				
11	7S 管理	□很好　□好　□较好　□不好				

续表

评价指标		评价情况				否定结果原因	自评	互评	师评
12	分工协作	□很好	□好	□较好	□不好				
13	沟通交流	□很好	□好	□较好	□不好				
14	问题解决	□及时	□较及时	□不及时					
15	创新精神	□优秀	□良好	□一般	□不足				
16	规划掌控	□很好	□好	□较好	□不好				
学习任务完成自评总结						亮点			
						缺点			
团队评价		团队自评		□优 □良 □中 □差		团队互评	□优 □良 □中 □差		

	项目 姓名	1	2	3	4	5	6	7	8	9	10	11	12	13	14	15	16
学生个人评价																		
审定意见	学习组长					指导教师					教研组长							
	年 月 日					年 月 日					年 月 日							

说明：（1）此表主要对学习任务中的综合能力进行评价。

（2）每一个学习任务完成后，学生必须客观、真实、公正地进行评价和填报此表，此表可作为综合学习项目的评价依据。

（3）学生个人评价在学习团队内部进行，评价指标代码对应团队考核评价指标。

拓展提升

（一）接续任务学习的准备工作布置

（1）进行任务二交流充电CP信号故障诊断与排除学习信息收集与筛选和资源的准备。

（2）进行任务二交流充电CP信号故障诊断与排除学习设备与工具的准备。

(二)拓展阅读

2023年一季度我国新能源汽车保有量已累计突破1 000万辆，同时带动了充电行业的快速发展。数据显示，2023年1—3月，充电基础设施增量为49.2万台。其中公共充电基础设施增量同比上涨96.5%，随车配建充电设施增量同比上涨538.6%。

当前在直流快充领域，只需要10 min左右，就能充满一台容量为100 kWh电动车的技术已经成熟，并在逐步落地过程中。

据小鹏汽车工程师介绍，小鹏G9采用800 V电压，可以做到5~15 min充电至90%以上的电量。深圳某充电桩生产企业副总工程师表示，当前最先进的技术可以做到600 kW，在电池允许这么大功率充电的情况下，5~10 min就可以充满一辆车。实际上，已有越来越多的汽车企业在充电速度方面"下功夫"。2021年广汽发布的6C快速充电技术可实现将0%~80%电量的充电时间控制在8 min，实测充电电压达855.6 V，充电功率仍达481 kW，4 min充电量达35.1 kWh。考虑到一辆燃油车的加油时间通常在5 min左右，随着充电技术的不断提升，未来新能源汽车的充电速度也将向加油速度看齐。

除了充电时间更快，国内也已经开始了5G智能充电桩的布局。充电桩内置的5G通信模组，相比4G能够提升50倍的数据传输速率，通过采集多样化的用户信息对用户行为特征进行精准分析，可以优化用户充电的等待时间。

目前想要实现5~10 min充满一台新能源汽车，仍是相当理想的状态。除了需要相应充电桩达到一定的技术，还需要车辆的电池、电压可以满足大功率充电条件，并且达到电池预热充足等条件。但通过不断缩短的充电时间来看，未来相比通过扩大电池容量提升续航的做法，如何持续提升充电速度和充电网络布局，可能才是解决新能源汽车续航焦虑的"最优解"。

任务二　交流充电 CP 信号故障诊断与排除

任务描述

吉利帝豪 EV450 电动汽车可以正常行驶，快充正常，但对车辆进行交流充电时，车辆无法充电，请在约定时间内对车辆进行诊断与维修，并给客户提出用车建议。

知识准备

一、CP 信号原理

从吉利帝豪 EV450 交流充电插座线路原理图（图 4-21）可以看出，车载充电机通过监测点 2 与交流充电插座监测点 1 之间线路来进行充电设备与车载充电机之间 CP 信号的传递。

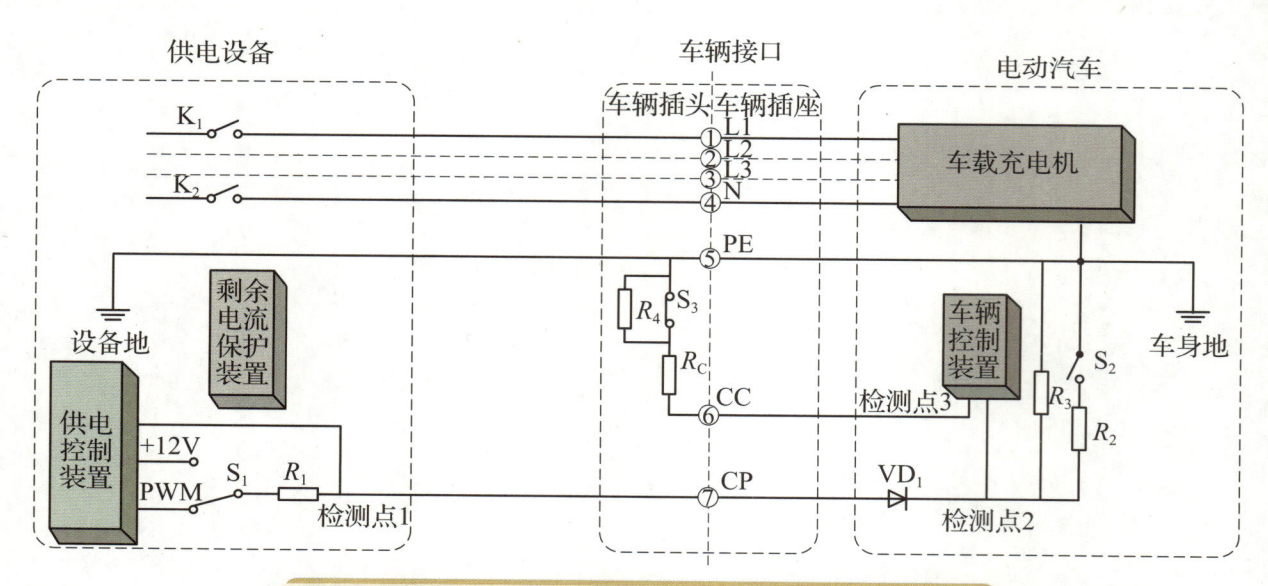

图 4-21　吉利帝豪 EV450 交流充电插座线路原理图

（1）充电枪连接后，充电设备输出至 CP 线路上的 +12 V 电压，被车载充电机内部充电导引装置中串联在 CP 线路上的整流二极管和并联在 CP 线路上的电阻 R_3 拉低至 9 V 并保持，致使 CP 线路上电压下降为 9 V。车载充电机内部监测 CP 线路上检测点 2 电压，如果检测到检测点 2 电压为 9 V，则车载充电机判定充电设备与车辆已连接，车载充电机进入准备阶段。

（2）当供电设备充电导引装置判断自身无故障时，充电设备内部的开关 S_1 切换至 PWM 端，充电设备输出可调节的幅值为 12 V 左右的 PWM 占空比信号至 CP 线路上并保持，占空比与供电设备可提供的最大连续电流值具有相关性。充电设备输出幅值为 12 V 左右的 PWM 占空比信号被车载充电机内部充电导引装置中串联在 CP 线路上的整流二极管整流，然后被并联在 CP 线路上的电阻 R_3 拉低至幅值为 +9 V 左右的 PWM 占空比信号，并保持。

（3）当车载充电机通过检测点 2 的波形信号判断供电设备自检通过后，会进行自检，自检通过后控制 S_2 开关闭合，通过电阻 R_2、开关 S_2 将 CP 线路搭铁。此时，由于 R_2 和 R_3 并联，线路搭铁电阻减小。随即充电设备输出的幅值为 12 V 左右的 PWM 占空比信号被车载充电机内部充电导引装置中串联在 CP 线路上的整流二极管整流，被并联在 CP 线路上的电阻 R_2 和 R_3 拉低至幅值为 +6 V 左右的 PWM 占空比信号，并保持，此时车载充电机将检测到的 CP 线路上检测点 2 的 +6 V 左右 PWM 波形幅值和 OBC 内部所存储的信号幅值进行比对。车载充电机在 3 s 内对检测点 2 的 +6 V 左右 PWM 波形幅值持续进行检测，同时再次自检系统内故障信号、BMS、DC-DC 变换器/MCU、VCU、BCM 等状态。如果状态正常，车载充电机发送充电功能启动信号，BMS 接收到此信号后准备接通主负、主正继电器工作。同时，BMS 根据动力蓄电池温度信号发送动力蓄电池热管理信号（预热、预热/充电、充电）需求至空调控制器。

（4）供电设备控制继电器 K_1 和 K_2 闭合，接通交流供电回路。如果步骤（3）的信号出现异常，则会造成慢充系统无法正常充电。

二、交流充电 CP 信号故障代码

当利用诊断仪读取 CP 信号故障代码时，可能会读取到表 4-7 中一个或多个故障代码，此时应结合当前现象，分析该故障代码为当前还是历史代码，且需要进一步验证该故障代码的真实性。

表 4-7 故障代码及说明

故障诊断	代码说明
P1A8403	CP 在充电机的内部测试点占空比异常
P1A881C	充电连接故障
P1A841C	CP 在充电机的内部 6 V 测试点电压异常（S_2 关闭以后）
P1A851C	CP 在充电机的内部 9 V 测试点电压异常（S_2 关闭以前）
P1A8538	CP 在充电机的内部测试点频率异常（S_2 关闭以前）

记录当前诊断仪上的故障代码信号，断开连接至车辆的充电设备，通过诊断仪清除故障代码。清除故障代码后，将诊断仪从 OBC 内退出。

连接充电枪至车辆慢充接口，如果故障现象消失，车辆正常充电，则可能为系统故障代码保护，造成 OBC 进入功能性保护模式，车辆无法充电。

如果车辆还不能充电，且故障现象恢复，则通过诊断仪，再次进行故障代码读取，并和先前的故障代码进行比对。如果减少，减少的可能为偶发故障；如果增加，增加的可能为当前系统关联性故障。此时，需要通过诊断仪的数据流查看功能对当前故障进行进一步解析。

（1）P1A881C 的定义。

在充电枪物理连接完成后，OBC 内部检测到 CC 信号时，即确认充电枪已经连接，准备进入充电模式。此时，OBC 将检测到的检测点 2（CP）的电压和 OBC 内部所有储存的电压数值进行比对，如果持续不符的时间超过 3 s，就会产生代码 P1A881C（充电连接故障）。

（2）P1A851C 的定义。

在充电口已完全连接后，CC 正常，供电设备充电导引装置没能检测到 R_3。此时，将检测点 2（CP）的电压和 OBC 内部所存储的信号电压进行比对，如果持续不符的时间超过 10 min，就产生代码 P1A851C（CP 在充电机的内部 9 V 测试点电压异常）。

（3）P1A851C、P1A8538 和 P1A8403 的定义。

当供电设备充电导引装置判断自身无故障时，将 S_1 开关从连接 +B 状态切换至 PWM 状态，这样检测点 1（CP）的信号就切换成占空比可调节的矩形脉冲波形。此时，OBC 将检测到的检测点 2（CP）的波形电压、频率和 OBC 内部所存储的信号电压、频率进行比对，如果持续不符的时间超过 3 s，就会产生代码 P1A851C（CP 在充电机的内部 9 V 测试点电压异常）、P1A8538（CP 在充电机的内部测试点频率异常）和 P1A8403（CP 在充电机的内部测试点占空比异常）。

（4）P1A841C 的定义。

当供电设备正常工作、车载充电机自检无故障、车辆准备就绪时，闭合 S_2 开关，供电设备充电导引装置检测到 R_2。此时，检测点 2（CP）的信号振幅应约为 6 V，OBC 将检测到的检测点 2（CP）的波形幅值与 OBC 内部所存储的信号幅值进行比对，如果持续不符的时间超过 3 s，就会产生代码 P1A841C（CP 在充电机的内部 6 V 测试点电压异常）。

三、充电系统故障检测验证工作流程

图 4-22 所示为交流充电 CP 信号故障检测与诊断工作流程。

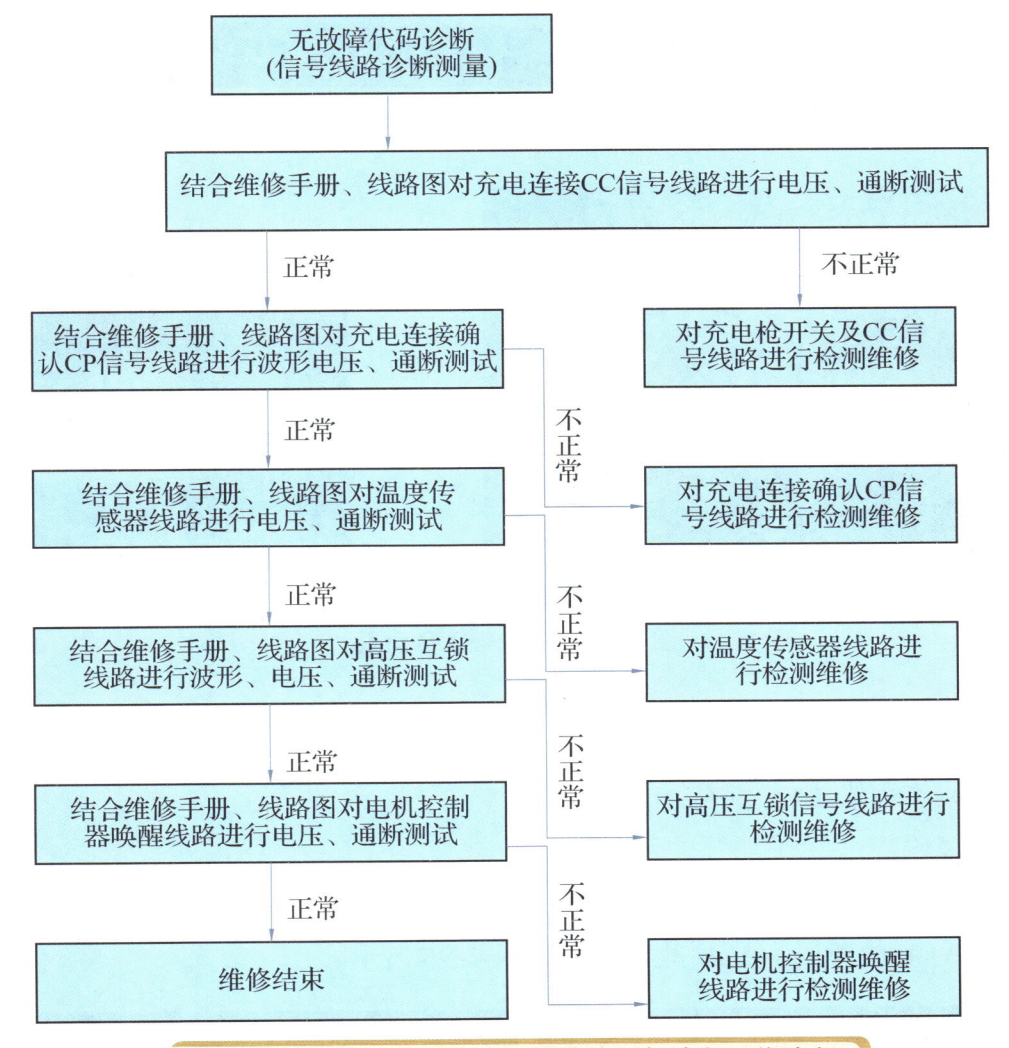

图 4-22　交流充电 CP 信号故障检测与诊断工作流程

1. **故障现象**

吉利帝豪 EV450 故障现象：仪表正常点亮，桩端无法刷卡，充电指示灯不亮，如图 4-23 和图 4-24 所示。

图 4-23　仪表故障现象

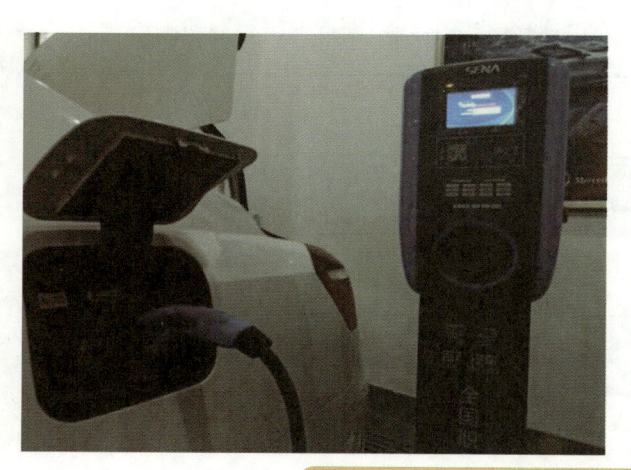

图 4-24　充电桩故障现象

2. 模块通信状态及故障码检查

（1）故障码文字描述。

无相关故障码。

（2）故障诊断仪显示。

分别读取 VCU 故障码、ACM 故障码，如图 4-25 所示。

图 4-25　分别读取 VCU 故障码、ACM 故障码

（3）相关数据流文字描述。

ACM 检测充电口 CC 信号已连接，CP 信号未连接。

（4）相关数据流故障诊断仪显示。

故障诊断仪数据流如图 4-26 所示。

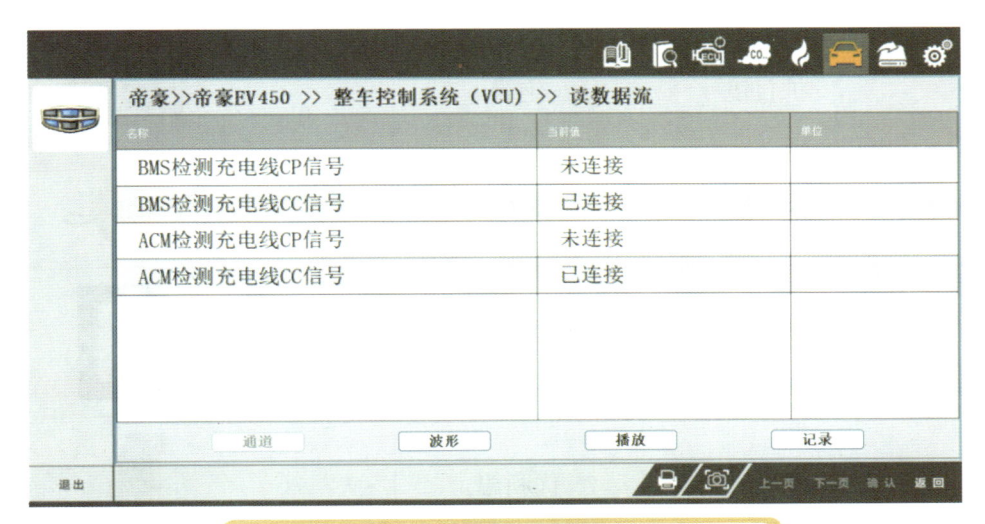

图 4-26　故障诊断仪数据流

3. 确认故障范围

桩端 CP、PE，车端交流充电口插座 CP、PE，SO87/CP 端线路故障。

任务实施

一、安全操作规章

（1）在进行故障检测前判断周围环境是否干燥，有无灭火器材等。

（2）检测前，做好安全防护准备工作，如绝缘手套、护目镜、绝缘鞋等的检查与穿戴。

（3）在进行交流充电 CP 信号故障诊断与排除操作时，做好车辆充电系统的检查工作。

（4）使用绝缘电阻测试仪、万用表等工具时，必须提前校对仪器的准确性。

（5）对检测所获得的数据，必须认真记录，准确计算，仔细分析，保证检测的准确、快捷。

二、交流充电 CP 信号故障诊断与排除工具准备

交流充电 CP 信号故障诊断与排除工具准备清单如表 4-8 所示。

表 4-8 交流充电 CP 信号故障诊断与排除工具准备清单

类型	名称	规格	图示
防护工具	绝缘手套	绝缘	
	护目镜	绝缘	
	安全帽	绝缘	
检测工具	诊断仪	X431	
	万用表	优利德	
	示波器	优利德	
	兆欧表	FLUKE	
拆装工具	工具车	绝缘	

三、交流充电 CP 信号故障诊断与排除

根据故障范围分步骤进行线路流程检测。

1. 检测分析

根据故障现象以及诊断仪数据流显示情况，大致将故障范围缩小至 CP 信号线路上，在插入充电枪时，车端仪表屏幕显示充电连接状态，读取数据流的同时观察到 VCM 及 BMS 报出的 CC 信号已连接、CP 信号未连接的数据，由此便可以确定故障范围为 CP 信号线路故障。

2. 检测电路

需要检测的电路如图 4-27 所示。

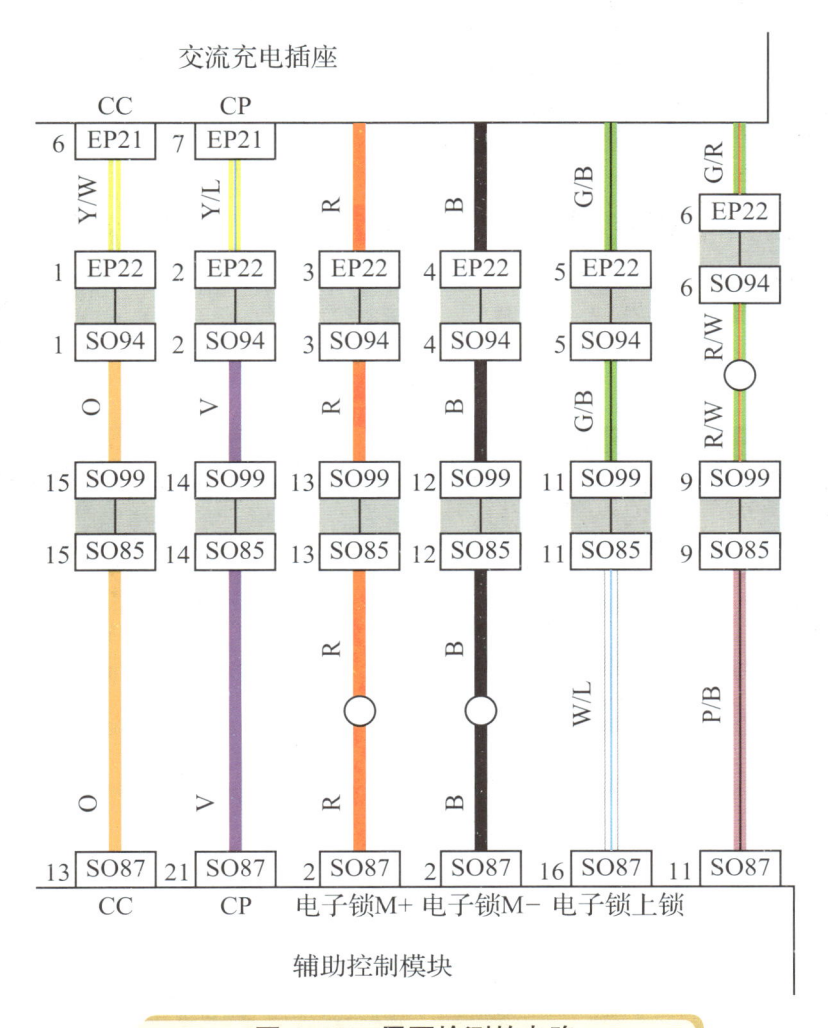

图 4-27 需要检测的电路

3. 具体检测过程

故障诊断与排除准备工作完毕之后，整个诊断过程如图 4-28 至图 4-33 所示。

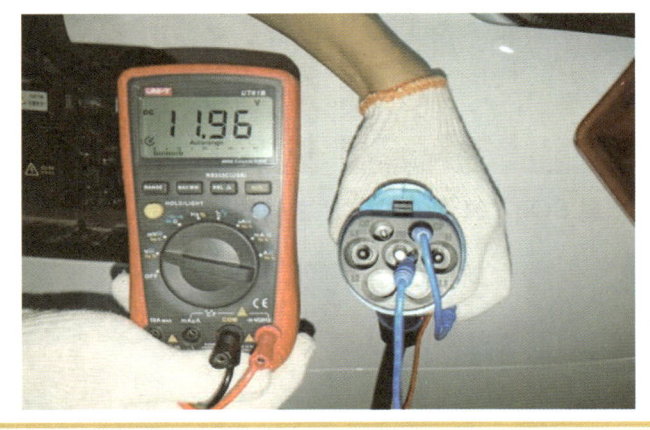

图 4-28 测量桩端 CP 与 PE 之间的电压值（正常为 12 V）

图 4-29　车辆下电，断开低压电源负极

图 4-30　断开高压连接部件，静置 5 min

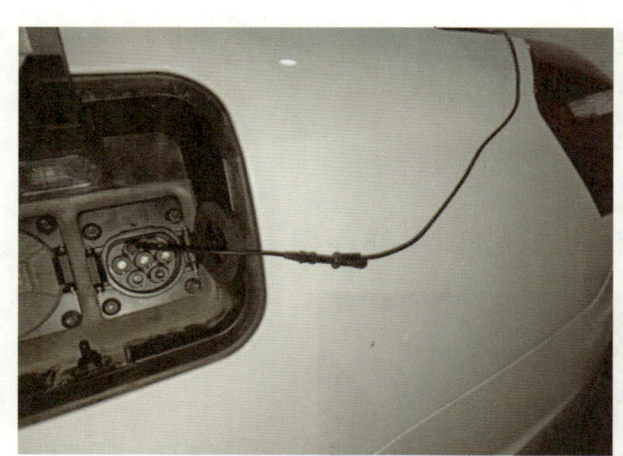

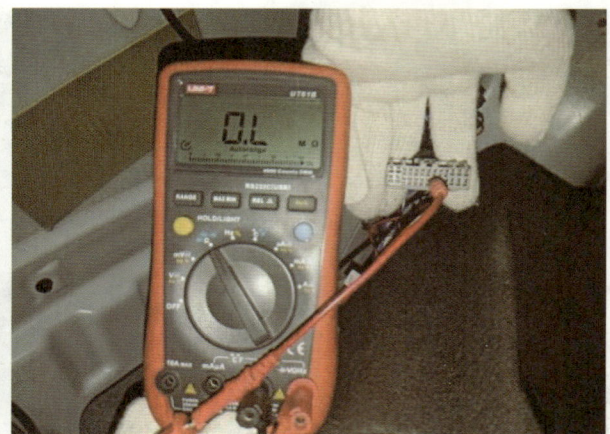

图 4-31　测量 SO87/21 到车端 CP 之间的电阻值（正常为 0.1 Ω）

项目四　充电系统故障诊断与排除

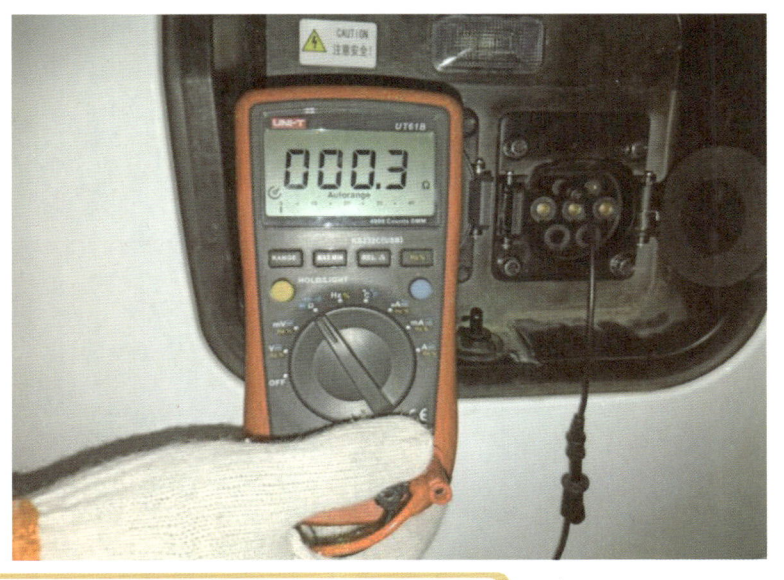

图 4-32　测量 SO99/14 到车端 CP 之间的电阻值

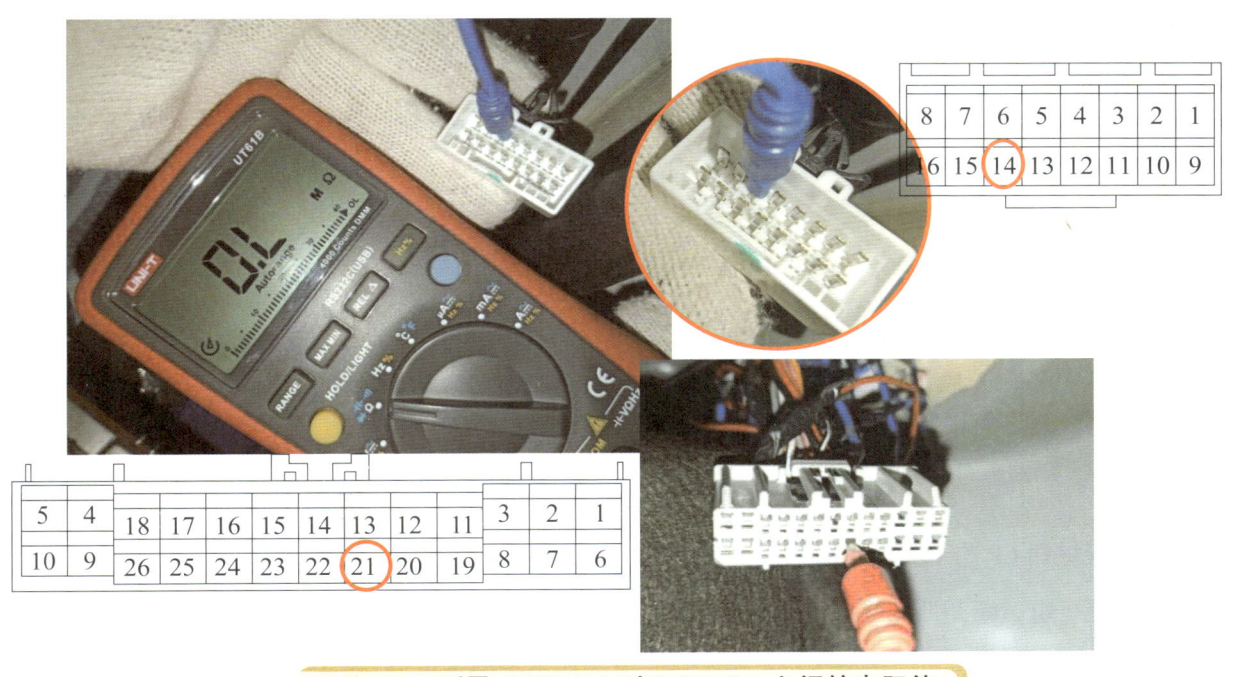

图 4-33　测量 SO85/14 到 SO87/21 之间的电阻值

根据故障码及数据流显示，可以判断 CC 信号线没有出现故障，CP 充电确认线显示未连接，此时可以将故障范围锁定在 CP 信号线上。断开高低压供电，测量 SO87/21 到 CP 端之间的电阻值，结果为无穷大，分段测量，测量得到 SO85/14 到 SO87/21 之间的电阻值为无穷大，说明该线路存在故障，为线路断路故障。

123

任务评价

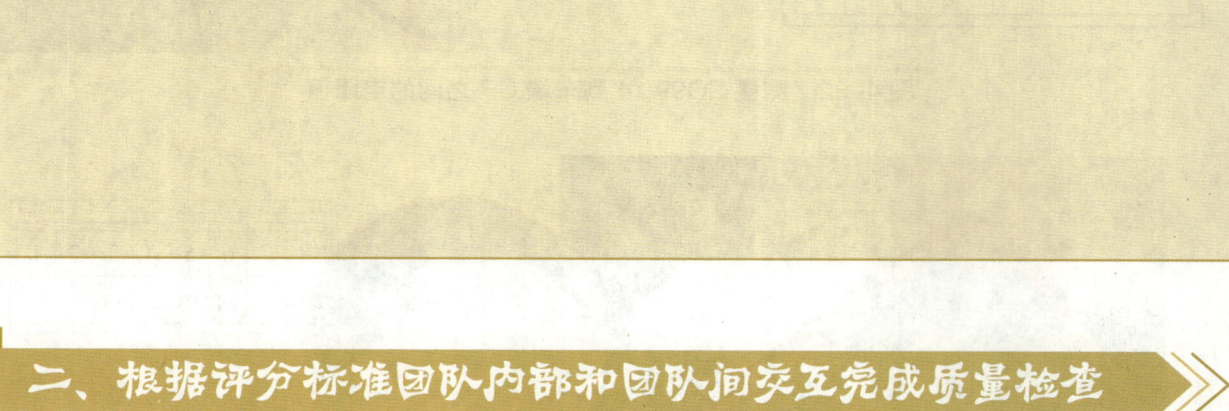

一、展示学习成果

二、根据评分标准团队内部和团队间交互完成质量检查

交流充电 CP 信号故障诊断与排除质量评价表如表 4-9 所示。

表 4-9 交流充电 CP 信号故障诊断与排除质量评价表

项目	检查点	评价标准	配分	检测记录 自检	检测记录 互检	得分
枪端测量	测量桩端 CP 与 PE 之间电压值	测量不准确不得分	10			
枪端测量	车辆下电,断开低压电源负极	操作不准确不得分	10			
车端测量	断开高压连接部件,静置 5 min	操作不准确不得分	15			
车端测量	测量 SO87/21 到车端 CP 之间的电阻值	测量不准确不得分	15			
车端测量	测量 SO99/14 到车端 CP 之间的电阻值	测量不准确不得分	15			
车端测量	测量 SO85/14 到 SO87/21 之间的电阻值	测量不准确不得分	15			
车端测量	故障点确认	确认不准确不得分	10			
	安全操作	违反安全规章 1 项扣 2 分(扣完为止),严重违章不得分	10			

三、学习感想交流

新能源汽车未来会全面取代燃油车早已是不争的事实,至于中间的时间到底需要多长,还取决于新能源汽车的技术发展。目前解决续航里程焦虑问题的方向主要有两个:提升电池容量和提升充电速度。相比增加电池容量,提升充电速度,以及布局更多充电站更加可靠。就好比燃油车,它的方便并不是因为油箱做得有多大,而是遍地都是加油站,并且加满油仅需几分钟时间。

将你的感想和老师、同学进行交流吧!

四、学习过程交流

(1)展示和讲述学习过程与学习成果。

(2)交流学习,发现、分析和解决交流充电 CP 信号故障的检测与诊断过程中出现的问题。

五、学习效能评价

团队内部完成学习效能评价的自评与互评。交流充电 CP 信号故障诊断与排除学习效能评价表如表 4-10 所示。

表 4-10 交流充电 CP 信号故障诊断与排除学习效能评价表

序号	项目	内容	程度	不能的原因
1	知识学习	充电系统 CP 信号原理	□能 □不能	
2		充电系统的电路图识读	□能 □不能	
3		充电系统的故障分析方法	□能 □不能	
4		充电系统的故障排除流程编制	□能 □不能	
5		充电系统故障排除的安全规范	□能 □不能	
6	技能学习	充电系统工具设备的选择	□能 □不能	
7		充电系统的故障检测与操作	□能 □不能	
8		充电系统的故障排除与操作	□能 □不能	
9		充电系统的检修质量控制与判定	□能 □不能	
10		交流充电 CP 信号故障的诊断与排除	□能 □不能	

续表

经验积累与问题解决	
经验积累	问题解决

签审	①学生评价委员会意见： 　　　　　　　　　　　　年　月　日	评价等级认定
	②指导教师意见： 　　　　　　　　　　　　年　月　日	

六、综合能力评价

（1）团队内部完成综合能力的自评与互评。

（2）团队间交互完成学习效能的互评。

交流充电 CP 信号故障诊断与排除任务综合能力评价表如表 4-11 所示。

表 4-11　交流充电 CP 信号故障诊断与排除任务综合能力评价表

学习任务名称			学习时间			
班　　级			学习团队			
	评价指标	评价情况	否定结果原因	自评	互评	师评
1	学习态度	□优秀　□良好　□一般　□差				
2	知识学习	□优　□良　□中　□差				
3	技能学习	□优　□良　□中　□差				
4	流程编制	□优化　□合理　□一般　□不合理				
5	程序编制	□优化　□合理　□一般　□不合理				
6	完成时间	□提前　□准时　□延后　□未完成				
7	测验质量	□合格　□不良　□返修　□报废				
8	成果展示	□清晰流畅　□需要补充　□不清晰流畅				
9	操作方法	□正确　□部分正确　□不正确				
10	安全规范	□很好　□好　□较好　□不好				
11	7S 管理	□很好　□好　□较好　□不好				
12	分工协作	□很好　□好　□较好　□不好				
13	沟通交流	□很好　□好　□较好　□不好				
14	问题解决	□及时　□较及时　□不及时				
15	创新精神	□优秀　□良好　□一般　□不足				
16	规划掌控	□很好　□好　□较好　□不好				

续表

学习任务完成自评总结									亮点					
									缺点					
团队评价		团队自评		□优	□良	□中	□差		团队互评	□优	□良	□中	□差	
学生个人评价	项目 姓名	1	2	3	4	5	6	7	8	9	10	11	12	13	14	15	16
审定意见	学习组长 年　月　日					指导教师 年　月　日					教研组长 年　月　日				

说明：（1）此表主要对学习任务中的综合能力进行评价。

（2）每一个学习任务完成后，学生必须客观、真实、公正地进行评价和填报此表，此表可作为综合学习项目的评价依据。

（3）学生个人评价在学习团队内部进行，评价指标代码对应团队考核评价指标。

拓展提升

（一）接续任务学习的准备工作布置

（1）进行项目五任务一空调系统不制冷故障排除学习信息收集与筛选和资源的准备。

（2）进行项目五任务一空调系统不制冷的故障排除学习设备与工具的准备。

（二）拓展阅读

充电5 min，续航200 km。手机厂商和车企的双向奔赴，已经"卷"到了广告词。当然，一系列问题仍然横亘在前：充电安全、升级成本、电池损耗、补能价格、标准不一……然而，当传统汽车企业和越来越多的造车新势力，在出行工具再次更迭的市场中抢占地盘时，超级快充是躲不过去的必经之路。

"超级快充"正逐渐成为各家汽车企业发布新车时的关键词。自2019年保时捷推出全球首款支持800 V直流快充系统的车型Taycan之后，国外的奥迪、现代，国内的比亚迪、长城、广汽埃安、小鹏等汽车厂商，纷纷发布各自支持800 V高电压架构的车型。

目前主流快充桩支持的是60 kW或120 kW，通常情况下，可在15 min~1 h内实现补能200 km，而800 V高压快充方案，则可支持350 kW以上的超级快充，从而将充电时间大大缩短。

1. 高电压快充

高电压快充技术广泛用于各汽车企业，技术难度不高，但是发热量较大，需要企业做好车辆动力电池的散热。经过多年的发展，高压快充技术日益成熟，安全性也得到大幅提高。目前主流的充电桩电压是 400 V 规格，而小鹏 G9 通过车端的 800 V 高压 SIC 平台和 480 kW 的大功率超充桩，可实现充电 5 min、续航 200 km 的能力。

2. 高电流快充

根据"功率 = 电压 × 电流"可知，充电电压和电流任意一项增加都能提高电动汽车的充电效率，但是根据焦耳定律 $Q = I^2Rt$，大电流快充路线会导致电气系统发热剧烈，对散热要求很高。广东奥美格生产的大功率液冷充电电缆采用液冷技术，通过特殊的结构设计，使电缆在整个充电过程中处于恒定低温环境，克服了充电线束和充电桩的热损伤，具有良好的散热能力。

3. 车载量子电池技术

基础科学研究所复杂系统理论物理中心的科学家们给出了一个全新的技术解决方案——量子充电技术。使用量子充电技术，可将传统的电动汽车充电过程加速 200 倍，这意味着充电时间将从 10 h 缩短到大约 3 min（在家里），或从 30 min 缩短到 9 s（在充电站）。理论上，量子资源可以通过为电池内部单元集体同时充电的方式进行充电，从而大大加快电池充电过程。

项目五

空调系统故障诊断与排除

项目描述

空调系统故障诊断与排除项目描述如表 5-1 所示。

表 5-1　空调系统故障诊断与排除项目描述

项目名称		空调系统故障诊断与排除		
项目描述	企业需求	根据客户反应，吉利帝豪 EV450 在使用过程中，空调系统无法制冷或制热。那么接下来我们将通过学习解决空调系统部分典型故障		
	知识目标	①掌握汽车空调功能原理。 ②掌握 PTC 加热器功能原理。 ③了解整车数据通信的检测与诊断。 ④掌握电路图的查询方法	学习时间	12 学时
	技能目标	①能够正确运用万用表、示波器、诊断仪等常见设备。 ②能够准确对线路原理图进行识读和分析。 ③能够对常见空调故障进行诊断与排除。 ④具备新标准、新政策的学习能力		
	素养目标	①能够在工作中锻炼沟通能力。 ②养成 7S 的工作习惯。 ③养成爱岗敬业的工作习惯。 ④增强节能降耗意识		

1. 新能源汽车空调系统与传统汽车空调系统的区别

新能源汽车空调系统与传统汽车空调系统的主要不同点集中在压缩机上。传统汽车压缩机由发动机通过皮带驱动，制冷性能由 ECU 调整压缩机斜盘角来完成。新能源汽车压缩机由电机驱动，制冷性能由 HCU（混合动力控制模块）控制电机转速，即压缩机转速来完成。

传统压缩机只使用 12 V 电压控制，电动空调压缩机既要使用 12 V 电压控制，也要使用高压带动电机运转。

在暖风操作模式下，传统汽车使用鼓风机把发动机冷却水加热后的热空气输送到室内，由冷却水泵提供冷却水循环到达暖风水箱。与传统汽车相比，新能源汽车空调系统中的 PTC 加热器也是一个很大的区别，传统汽车用余热，以水泵为动力，新能源汽车用 PTC 加热，以电子水泵为动力。

电动压缩机为非皮带结构，安装位置不受皮带连接限制，可以安装在车辆的任何位置。电动压缩机的主要控制部件有微处理器和逆变器。微处理器从空调控制器接收压缩机目标转速命令，为电机提供所需动力。同时，反馈电机实际转速信息，将电流提供给空调控制器，进行闭合控制。

2. 吉利帝豪 EV450 空调系统元件布置

吉利帝豪 EV450 空调系统主要由冷凝器、空调压缩机、PTC 加热器、热交换器总成、空调箱总成、空调控制面板、PTC 电动水泵、空调压力开关等组成，如图 5-1 所示。

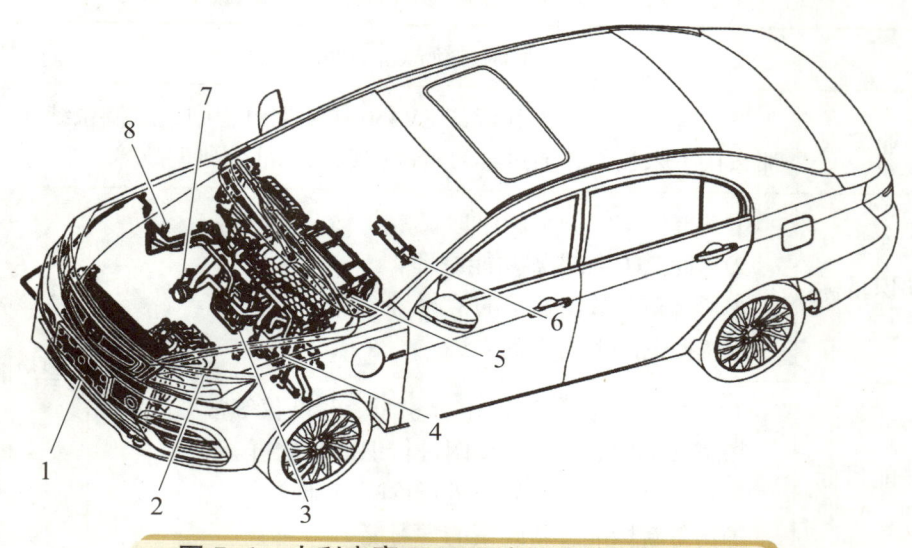

图 5-1 吉利帝豪 EV450 空调系统元件布置

1—冷凝器；2—空调压缩机；3—PTC 加热器；4—热交换器总成；5—空调箱总成；
6—空调控制面板；7—PTC 电动水泵；8—空调压力开关

任务一 空调系统不制冷故障排除

任务描述

吉利帝豪EV450电动汽车打开A/C空调之后无制冷现象，客户开车至店维修，请在约定时间内对车辆进行诊断与维修，并给客户提出用车建议。

知识准备

一、吉利帝豪EV450空调结构与工作原理

吉利帝豪EV450空调制冷系统主要由电动压缩机、冷凝器、储液干燥罐、蒸发器及膨胀阀等组成。压缩机受高压电驱动，工作时，压缩机吸入从蒸发器出来的低温低压的气态制冷剂，制冷剂经压缩，温度和压力升高，并被送入冷凝器。在冷凝器内，高温高压的气态制冷剂把热量传递给经过冷凝器的车外空气而液化，变成液体。液态制冷剂流经膨胀阀时，温度和压力降低，并进入蒸发器。在蒸发器内，低温低压的液态制冷剂吸收经过蒸发器车内空气的热量而蒸发，变成气体。气体又被压缩机吸入，进行下一轮循环。这样，制冷剂不断吸收车内空气的热量并排到车外空气中，使车内空气的温度逐渐下降。吉利帝豪EV450制冷系统工作过程如图5-2所示。

压缩机类型为电动涡旋式，压缩机控制器与压缩机集成一体，通过电机自身的旋转带动涡旋盘压缩，完成制冷剂的吸入和排出，为制冷循环提供动力。压缩机性能曲线如图5-3所示（测试工况：高压1.57 MPa，低压0.296 MPa，过热度10 ℃，过冷度5 ℃）。

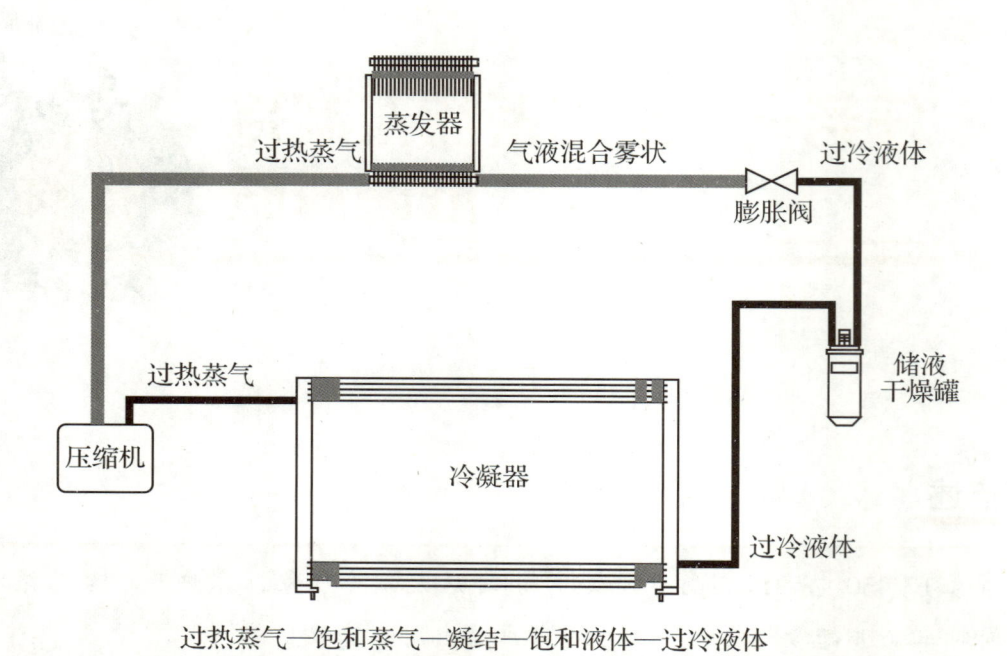

图 5-2　吉利帝豪 EV450 制冷系统工作过程

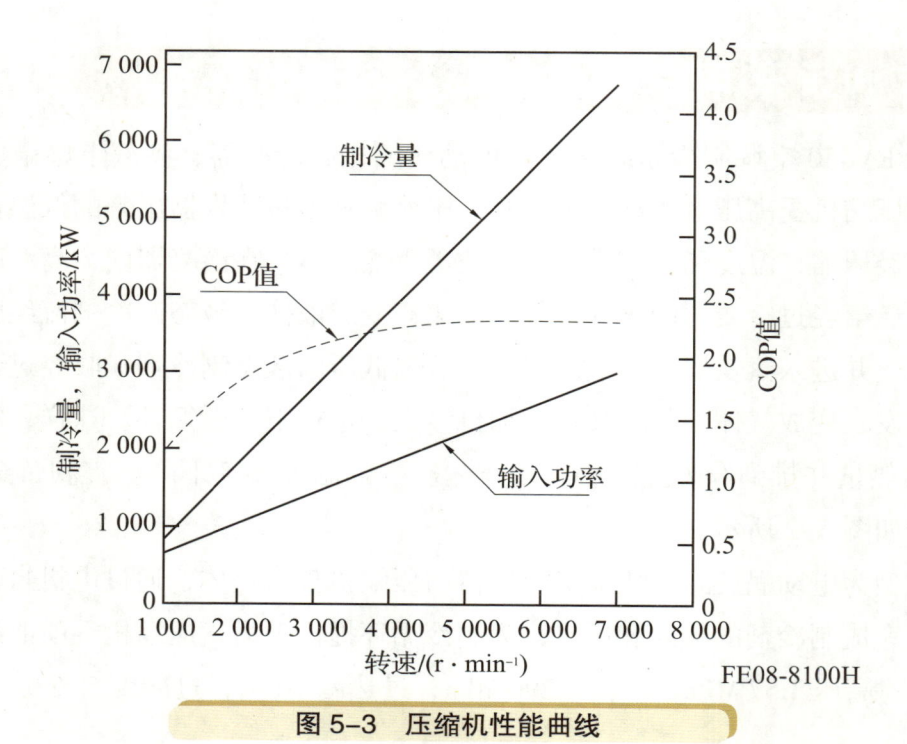

图 5-3　压缩机性能曲线

二、空调控制器电源线路原理

空调控制器是系统制冷、制热、通风、除霜，以及热管理的"大脑"，它通过接收温度、开关、执行器电机位置、光照等信号，控制各执行器的运行。空调控制器的对外线路主要由供电电源和通信线路（LIN）组成，其中电源由两路组成：一路为 +B 电源，另一路为 IG 电源。空调控制器电源线路原理如图 5-4 所示。

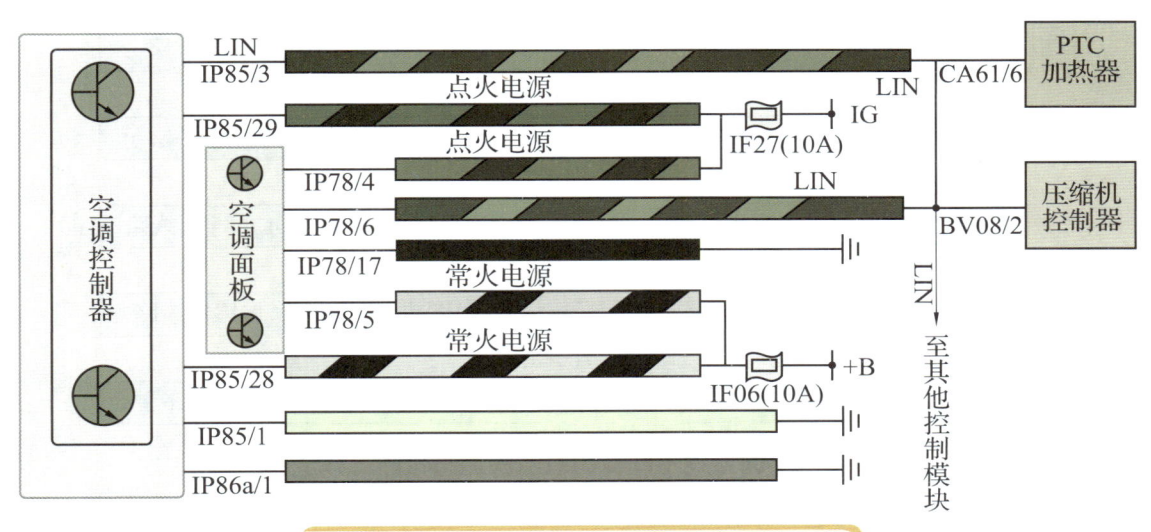

图 5-4 空调控制器电源线路原理

+B 电源也称为营火电源，主要为控制器提供不间歇性电源，防止单元内部存储的临时性数据及信号丢失。同时，也作为单元工作电源之一，保证空调系统和其他系统的 V-CAN、LIN 总线通信正常，并在车辆充电过程中保证整车热管理正常启动工作。如果此电源出现异常，将导致空调控制面板不能启动工作，车辆空调系统所有功能丧失。

IG 电源也称为点火电源，即此电源受点火开关状态控制。如果 IG 电源出现异常，将导致空调控制面板不能启动工作，车辆空调系统所有功能丧失。

空调控制器通过 LIN 总线与空调控制面板、空调压缩机控制器、PTC 加热器、三通电磁阀 A/B/C 等进行数据通信。如果空调控制器的 LIN 总线出现故障，将导致空调控制器无法获知面板需求信号，空调控制器将不启动运行，车辆空调系统所有功能丧失。同时，在充电时空调控制器发送的热管理请求（充电预热、充电散热）无法传输至空调压缩机及控制器、PTC 加热器及三通电磁阀 A/B/C，导致整车热管理功能失效。

三、空调系统不制冷的故障检测验证工作流程

图 5-5 所示为空调系统不制冷的故障检测与诊断工作流程。

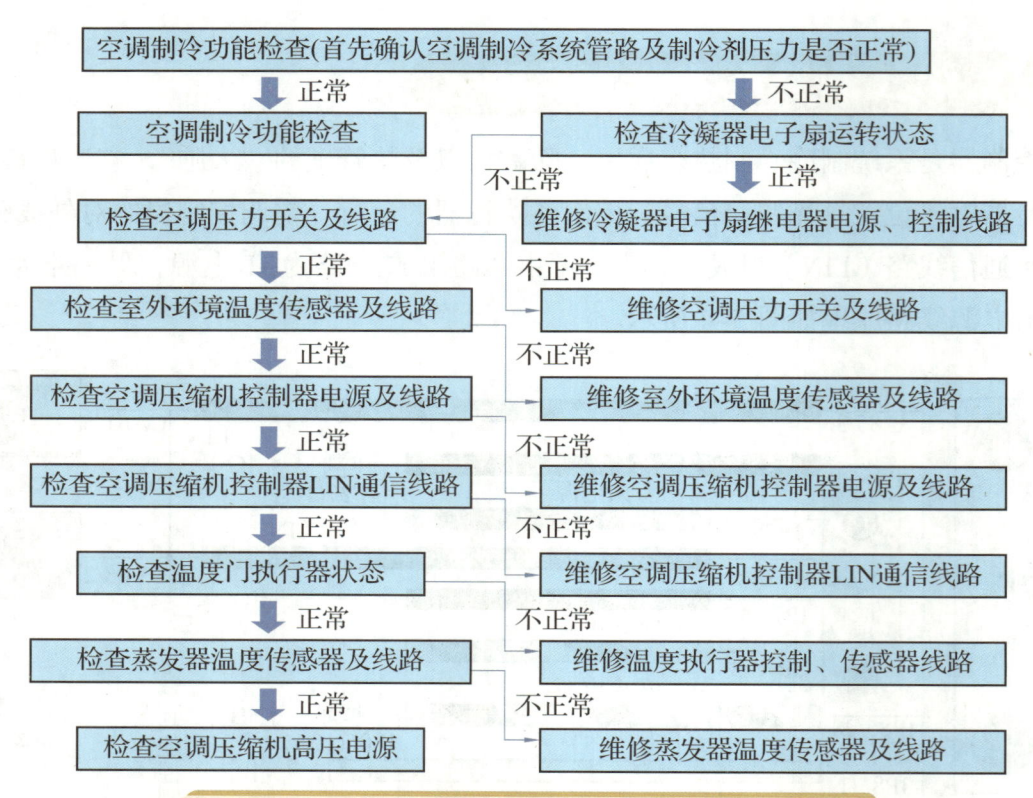

```
空调制冷功能检查(首先确认空调制冷系统管路及制冷剂压力是否正常)
    ↓正常                                    ↓不正常
空调制冷功能检查                      检查冷凝器电子扇运转状态
              不正常              ↓正常
    ↓                              
检查空调压力开关及线路          维修冷凝器电子扇继电器电源、控制线路
    ↓正常        不正常
检查室外环境温度传感器及线路      维修空调压力开关及线路
    ↓正常        不正常
检查空调压缩机控制器电源及线路    维修室外环境温度传感器及线路
    ↓正常        不正常
检查空调压缩机控制器LIN通信线路   维修空调压缩机控制器电源及线路
    ↓正常        不正常
检查温度门执行器状态              维修空调压缩机控制器LIN通信线路
    ↓正常        不正常
检查蒸发器温度传感器及线路        维修温度执行器控制、传感器线路
    ↓正常        不正常
检查空调压缩机高压电源            维修蒸发器温度传感器及线路
```

图 5-5 空调系统不制冷的故障检测与诊断工作流程

1. 故障现象

吉利帝豪 EV4500 故障现象：打开 A/C 空调之后无制冷、制热，如图 5-6 所示。

图 5-6 体感为自然风

2. 模块通信状态及故障码检查

（1）故障码文字描述。

P100811 高速风扇 VCU 控制的信号对地开路或短路。

P100911 低速风扇 VCU 控制的信号对地开路或短路。

查阅电路图册，首先将故障范围锁定在 ER13 热管理继电器，ER18 唤醒继电器元件及线路，EF27 输入端到 B+ 线路及继电器元件，EF27 输出端到执行元件低速、高速元件及线路问题上。

（2）故障诊断仪显示。

故障诊断仪显示如图 5-7 所示。

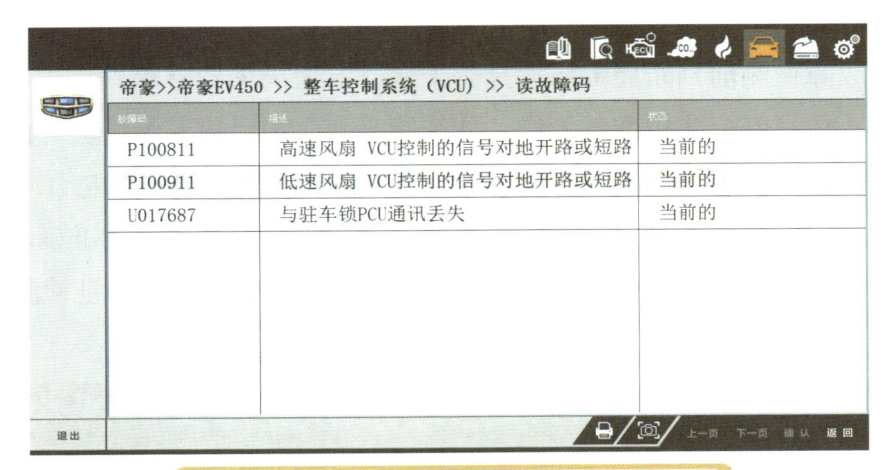

图 5-7　故障诊断仪显示

（3）相关数据流文字描述。

从数据流上分析，当将 A/C 空调处于"打开"状态时，压缩机功率并无消耗，工作状态也处于"关闭"状态；PTC 制热模块在打开过程中，数据流显示其实际功率也并无消耗。所以导致高速、低速风扇无法正常工作，空调并无制冷现象。

（4）相关数据流故障诊断仪显示。

故障诊断仪数据流显示如图 5-8 所示。

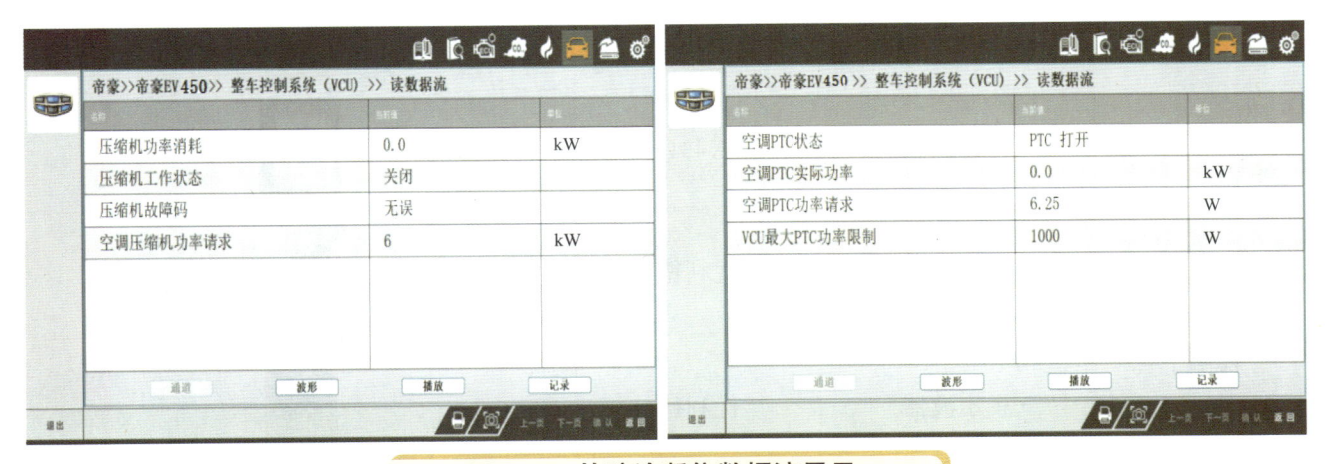

图 5-8　故障诊断仪数据流显示

3. 确认故障范围

A/C 空调线路、保险、继电器及本身故障。

任务实施

一、安全操作规章

（1）在进行故障检测前判断周围环境是否干燥，有无灭火器材等。

（2）检测前，做好安全防护准备工作，如绝缘手套、护目镜、绝缘鞋等的检查与穿戴。

（3）在进行空调系统不制冷故障诊断与排除操作时，做好车辆的检查工作。

（4）使用绝缘电阻测试仪、万用表等工具时，必须提前校对仪器的准确性。

（5）对检测所获得的数据，必须认真记录，准确计算，仔细分析，保证检测的准确、快捷。

二、空调系统不制冷的故障诊断与排除工具准备

空调系统不制冷的故障诊断与排除工具准备清单如表5-2所示。

表5-2 空调系统不制冷的故障诊断与排除工具准备清单

类型	名称	规格	图示
防护工具	绝缘手套	绝缘	
	护目镜	绝缘	
	安全帽	绝缘	
检测工具	诊断仪	X431	
	万用表	优利德	
	示波器	优利德	
	兆欧表	FLUKE	
拆装工具	工具车	绝缘	

三、空调系统不制冷的故障诊断与排除

根据故障范围分步骤进行线路流程检测。

1. 检测步骤

根据故障码显示，排除 EF27 的输入端到 ER20 输出及 ER20 本身故障。因故障现象是无制冷，针对 ER13 继电器本身及相关保险，首先测量 ER13 继电器及相关线路保险，随后测量 EF27 输出端以后的线路，以及排查保险本身、相关继电器。

2. 检测电路

需要检测的电路如图 5-9 所示。

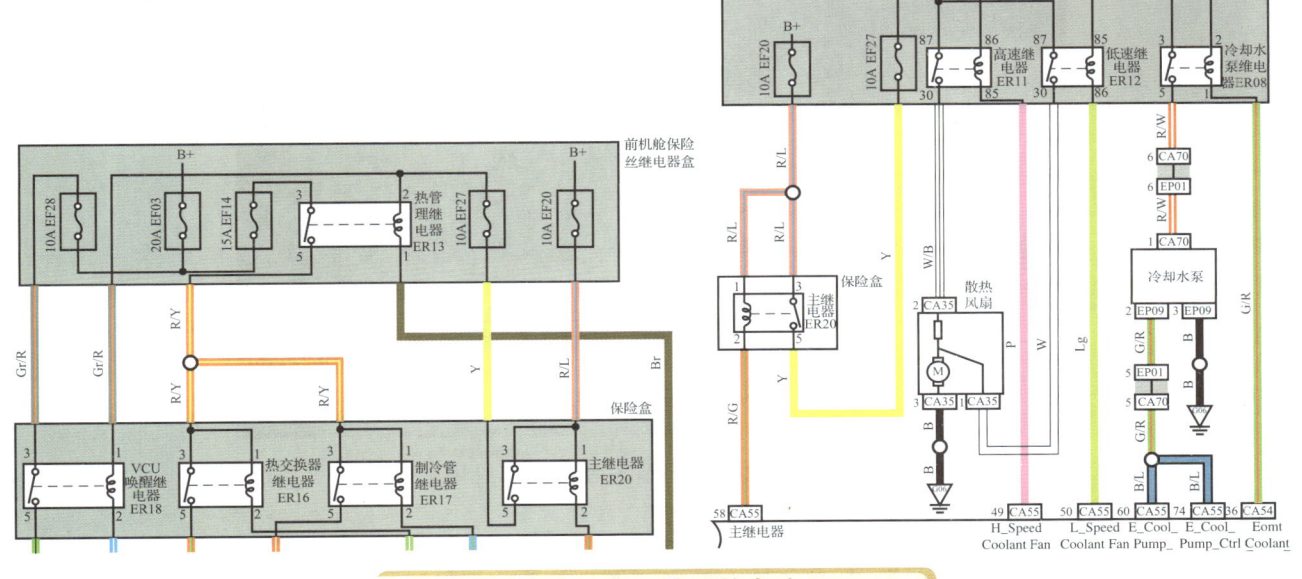

图 5-9 需要检测的电路

3. 具体检测过程

故障诊断与排除准备工作完毕之后，整个诊断过程如图 5-10 至图 5-22 所示。

图 5-10 车辆下电，断开低压电源负极

图 5-11 断开高压连接部件，静置 5 min

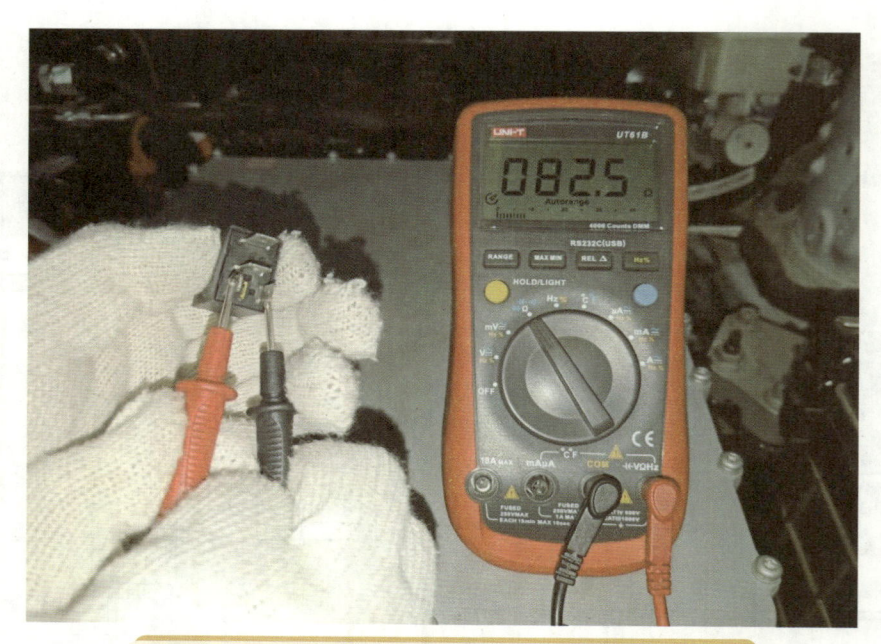

图 5-12 静态测试 ER13 继电器本身电阻值

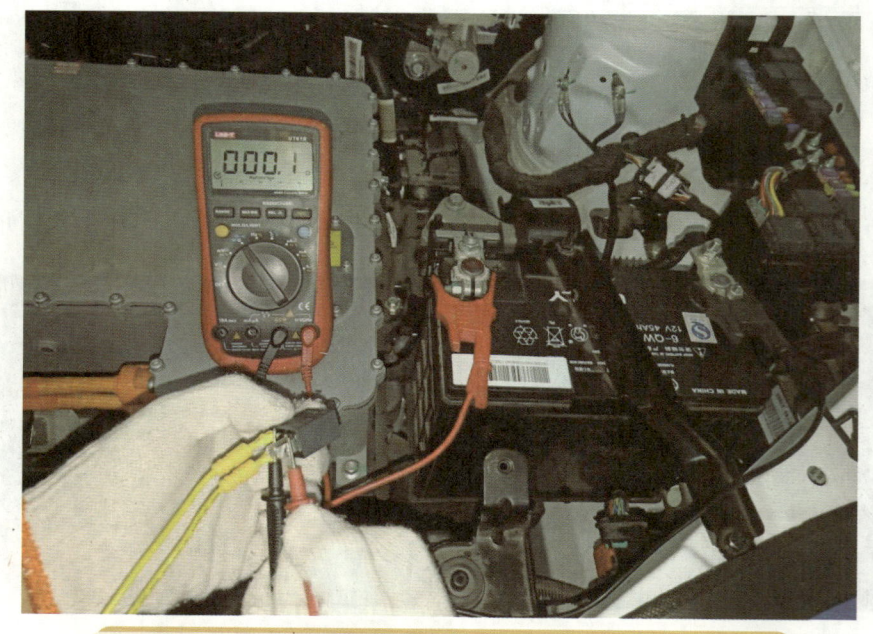

图 5-13 动态测试 ER13 继电器本身电阻值（0.1 Ω）

项目五 空调系统故障诊断与排除

图 5-14 测量 ER13/3 到 B+ 之间的电阻值（导通）

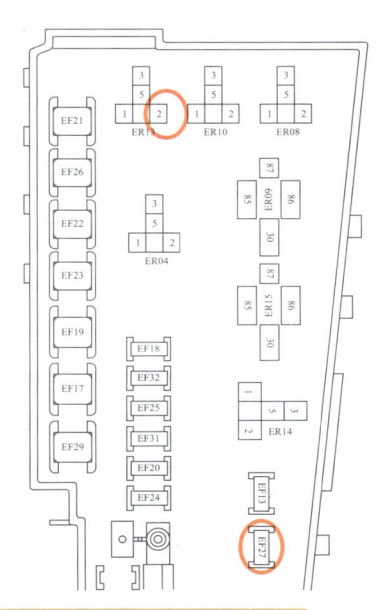

图 5-15 测量 EF27 输出端到 ER13/2 端之间的电阻值

图 5-16 测量 EF27 输出端到 ER11/86 之间的电阻值

139

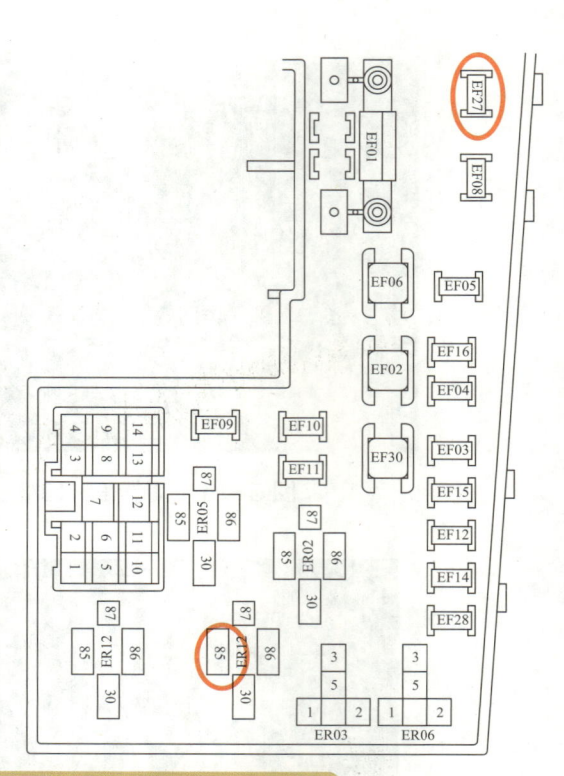

图 5-17　测量 EF27 输出端到 ER12/85 之间的电阻值

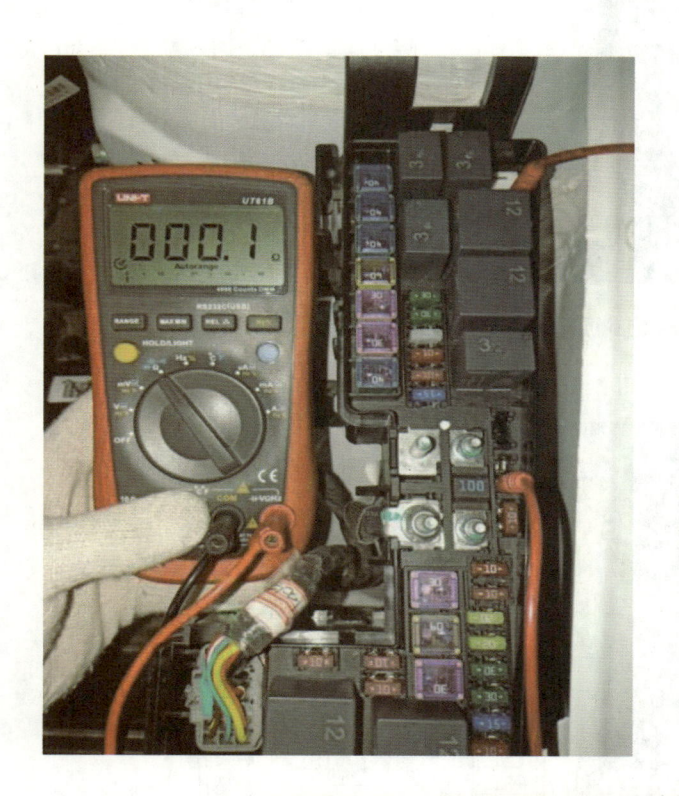

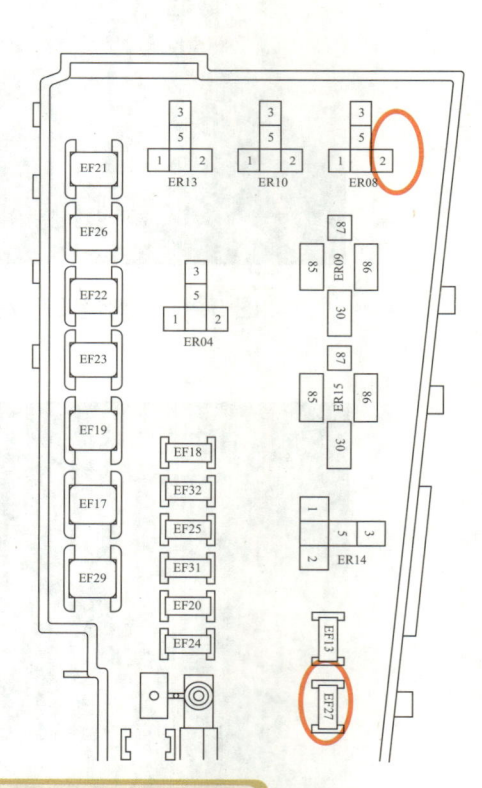

图 5-18　测量 EF27 输出端到 ER08/2 之间的电阻值

项目五　空调系统故障诊断与排除

图 5-19　测量 EF27 输出端到 ER18/1 之间的电阻值

图 5-20　目测 EF27 保险 　　图 5-21　使用万用表校准 　　图 5-22　测量 EF27 保险（异常）

任务评价

一、展示学习成果

141

二、根据评分标准团队内部和团队间交互完成质量检查

空调系统不制冷的故障诊断与排除质量评价表如表 5-3 所示。

表 5-3 空调系统不制冷的故障诊断与排除质量评价表

项目	检查点	评价标准	配分	检测记录 自检	检测记录 互检	得分
检测分析	对空调控制面板供电、通信、搭铁三条主线进行分析	分析不准确不得分	5			
检测分析	查阅电路图,准确找到相关位置	查找不准确不得分	5			
检测过程	车辆下电,断开低压电源负极	操作不准确不得分	5			
检测过程	断开高压连接部件,静置 5 min	操作不准确不得分	5			
检测过程	静态测量 ER13 继电器本身电阻值	测量不准确不得分	10			
检测过程	动态测量 ER13 继电器本身电阻值	测量不准确不得分	10			
检测过程	测量 ER13/3 到 B+ 之间的电阻值(导通)	测量不准确不得分	10			
检测过程	测量 EF27 输出端到 ER13/2 端之间的电阻值	测量不准确不得分	10			
检测过程	测量 EF27 输出端到 ER11/86 之间的电阻值	测量不准确不得分	5			
检测过程	测量 EF27 输出端到 ER12/85 之间的电阻值	测量不准确不得分	5			
检测过程	测量 EF27 输出端到 ER08/2 之间的电阻值	测量不准确不得分	5			
检测过程	测量 EF27 输出端到 ER18/1 之间的电阻值	测量不准确不得分	5			
检测过程	测量 EF27 保险	测量不准确不得分	5			
检测过程	故障点确认	确认不准确不得分	5			
安全操作		违反安全规章 1 项扣 2 分(扣完为止),严重违章不得分	10			

三、学习感想交流

2022 年 8 月 21—23 日,中国汽车工业协会汽车空调分会理事长张清明在中国汽车协会汽车空调分会三届二次代表大会上指出,中国汽车协会汽车空调分会密切跟踪国外技术动态,时刻关注国内变化并采取对应措施。在我国制定第四阶段油耗法规之初,我们及时向主管单位提出行业建议,积极参与高效奖励法规的制定,目前该法规已定稿并准备配合第五阶段油耗法规实施。在制冷剂替代方面,获悉我国汽车行业先于禁用 HFC 物质后,中国汽车工业协会汽车空调分会技术专家委员会根据欧美和日本有关行动计划,多次组织符合我国国情对策的行业研讨会。电动汽车上市之初,为解决采暖用高电压 PTC 严重降低电动车冬季续航里程问题,在国际上还没有使用热泵系统时,专家委员会在各种交流论坛上大力宣传热泵技术,敦促会员企业开发热泵系统,尽快实现企业转型升级。我国《汽车车室内空气质量

标准法》的颁布为汽车空调行业带来了新机遇，如PM2.5传感器、空气质量传感器（AQS）、离子发生器、车室内空气净化器、空调过滤器等产品将会有较大的应用市场。张清明强调："原来很少被关注的车室内空气质量将会成为汽车品牌竞争的亮点，为汽车空调行业打开了另一片增长空间。"

将你的感想和老师、同学进行交流吧！

四、学习过程交流

（1）展示和讲述学习过程与学习成果。
（2）交流学习，发现、分析和解决空调系统不制冷的故障检测与诊断过程中出现的问题。

五、学习效能评价

团队内部完成学习效能评价的自评与互评。空调系统不制冷的故障诊断与排除学习效能评价表如表5-4所示。

表5-4　空调系统不制冷的故障诊断与排除学习效能评价表

序号	项目	内容	程度	不能的原因
1	知识学习	空调制冷的结构与原理	□能　□不能	
2		空调系统不制冷的故障诊断与排除	□能　□不能	
3		空调系统不制冷的故障分析方法	□能　□不能	
4		空调系统不制冷故障的排除流程编制	□能　□不能	
5		空调系统不制冷故障排除的安全规范	□能　□不能	
6	技能学习	空调系统不制冷故障排除的工具设备选择	□能　□不能	
7		空调系统不制冷故障的检测与操作	□能　□不能	
8		空调系统不制冷故障的排除与操作	□能　□不能	
9		空调系统不制冷故障的检修质量控制与判定	□能　□不能	
10		空调系统不制冷故障的诊断与排除	□能　□不能	
经验积累与问题解决					
经验积累		问题解决		
签审	①学生评价委员会意见： 　　　　　　　　　　　年　月　日			评价等级认定
	②指导教师意见： 　　　　　　　　　　　年　月　日			

六、综合能力评价

（1）团队内部完成综合能力的自评与互评。

（2）团队间交互完成学习效能的互评。

空调系统不制冷故障排除任务综合能力评价表如表5-5所示。

表5-5 空调系统不制冷故障排除任务综合能力评价表

学习任务名称					学习时间				
班 级					学习团队				
评价指标		评价情况			否定结果原因	自评	互评	师评	
1	学习态度	□优秀 □良好 □一般 □差							
2	知识学习	□优 □良 □中 □差							
3	技能学习	□优 □良 □中 □差							
4	流程编制	□优化 □合理 □一般 □不合理							
5	程序编制	□优化 □合理 □一般 □不合理							
6	完成时间	□提前 □准时 □延后 □未完成							
7	测验质量	□合格 □不良 □返修 □报废							
8	成果展示	□清晰流畅 □需要补充 □不清晰流畅							
9	操作方法	□正确 □部分正确 □不正确							
10	安全规范	□很好 □好 □较好 □不好							
11	7S管理	□很好 □好 □较好 □不好							
12	分工协作	□很好 □好 □较好 □不好							
13	沟通交流	□很好 □好 □较好 □不好							
14	问题解决	□及时 □较及时 □不及时							
15	创新精神	□优秀 □良好 □一般 □不足							
16	规划掌控	□很好 □好 □较好 □不好							
学习任务完成自评总结					亮点				
					缺点				
团队评价	团队自评	□优 □良 □中 □差			团队互评	□优 □良 □中 □差			
学生个人评价	项目\姓名	1 2 3 4 5 6 7 8 9 10 11 12 13 14 15 16							

续表

审定意见	学习组长	指导教师	教研组长
	年　月　日	年　月　日	年　月　日

说明：（1）此表主要对学习任务中的综合能力进行评价。

（2）每一个学习任务完成后，学生必须客观、真实、公正地进行评价和填报此表，此表可作为综合学习项目的评价依据。

（3）学生个人评价在学习团队内部进行，评价指标代码对应团队考核评价指标。

拓展提升

（一）接续任务学习的准备工作布置

（1）进行任务二空调系统不制热故障排除学习信息收集与筛选和资源的准备。

（2）进行任务二空调系统不制热故障排除学习设备与工具的准备。

（二）拓展阅读

热泵系统通过多个阀和泵的控制，能够把热量从温度低的地方搬运到温度高的地方，具有制冷和制热两种工况。目前市面上存在三种典型的热泵空调系统，分别为直接式热泵空调系统、间接式热泵空调系统和补气增焓直接式热泵空调系统。其中，采用增焓技术的热泵空调系统能够缓解低温环境下制热效率偏低的问题，目前国内厂商也开始逐渐开发测试采用增焓技术的热泵系统。在电池技术没有突破性进展的前提下，热泵空调是降低续航里程损耗的最佳解决方案，2025年新能源汽车市场热泵渗透率有望突破30%，规模突破90亿。

随着全球变暖，环保趋严，R134a替代方案有R1234yf和二氧化碳（R744），而二氧化碳作为制冷剂，既环保，能耗又低，为热泵空调的最优选择。二氧化碳热泵空调对零部件具有较高的要求，需要关注长期可靠性和稳定性。

国际巨头凭借在传统空调热管理领域的积累迅速过渡到新能源汽车领域，而国内企业大多采用从核心组件切入，通过绑定下游龙头企业及并购等方式，向上发展成系统供应商。新进入者如美的、华为等各自推出新能源汽车热管理领域的产品，有望在新能源汽车空调热管理系统领域分一杯羹。

任务二　空调系统不制热故障排除

任务描述

吉利帝豪 EV450 电动汽车打开 A/C 空调之后制冷,但是打开暖风时无制热现象,客户开车至店维修,请在约定时间内对车辆进行诊断与维修,并给客户提出用车建议。

知识准备

一、空调制热原理

吉利帝豪 EV450 空调暖风系统主要由鼓风机和电加热器(PTC)、加热器水泵、加热芯体等组成。吉利帝豪 EV450 暖风系统工作过程如图 5-23 所示。

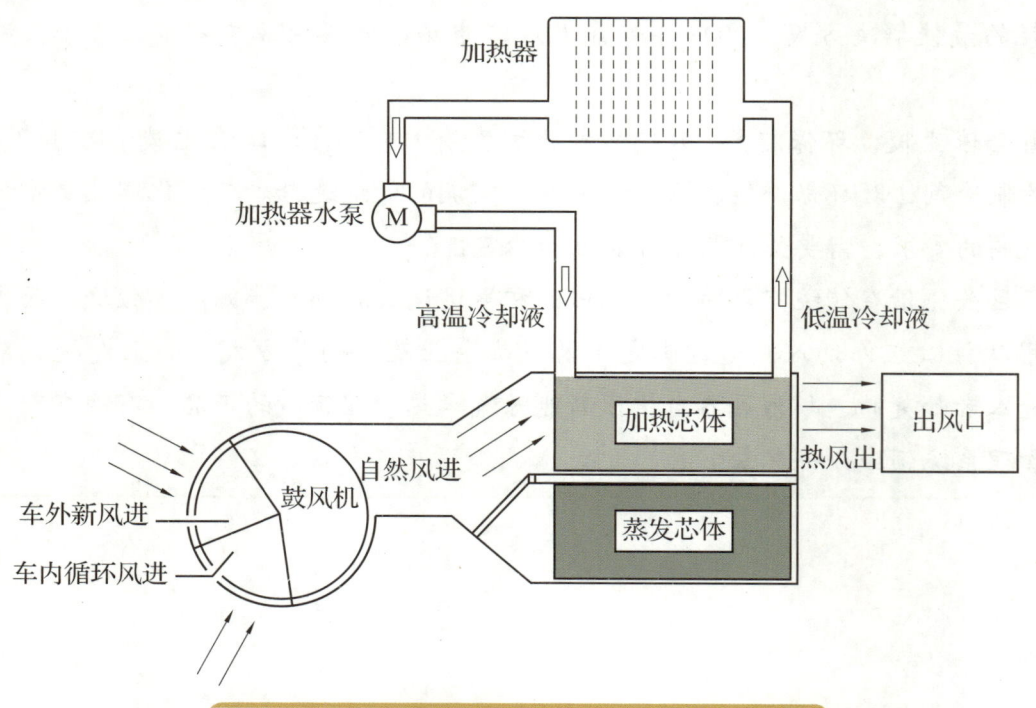

图 5-23　吉利帝豪 EV450 暖风系统工作过程

当自动空调系统处于加热模式时,加热器在高压电的作用下对冷却液进行加热,高温冷却液被加热器水泵抽入加热芯体。同时,冷暖温度控制电机旋转至采暖位置,气流在鼓风机的作用下流过加热芯体,产生热量传递。外部空气在进入乘客舱前,与加热后的空气混合,吹出舒适的暖风。

加热器由电阻膜和散热元件组成,在一定电压范围内,加热的功率随电流变化而变化,电加热器可输出稳定的功率,从而为制热系统提供稳定的热源,如图5-24所示。

图 5-24 加热器总成

通风控制系统上的各种位置可使模式阀门通过风道混合或引入冷风、热风和外部空气。通过空调系统,气流由风道系统和出风口将空气输送到乘客室。吉利帝豪EV450通风控制系统示意如图5-25所示。

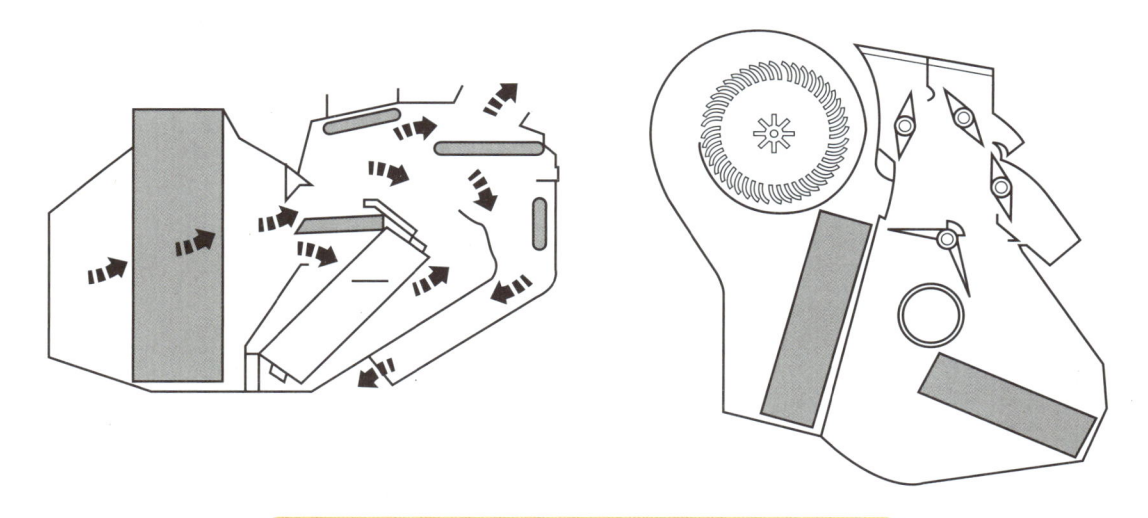

图 5-25 吉利帝豪 EV450 通风控制系统示意

二、PTC 加热器线路

PTC加热器线路分为高压线路和低压线路,其中低压线路又分为电源、高压互锁、通信等线路。

1. 高压线路

图 5-26 所示为 PTC 加热器线路原理，可以看出，动力蓄电池高压直流电（DC 346 V）进入高压配电 / 充电机控制器，通过 OBC 内部 PTC 加热控制器熔丝 HF05 后流入 PTC 加热器，为 PTC 加热器提供动力电源。空调制热功能开启后，PTC 加热器通过 LIN 总线接收到制热功能启动信号，以及 VCU 通过 V-CAN 总线发送的允许制热功能启动信号，并对信号进行处理与运算。给 PTC 加热器通电，PTC 加热器通电产生热量，加热内部冷却液。空调控制器控制水泵给冷却液加压，冷却液循环，制热模式启动。

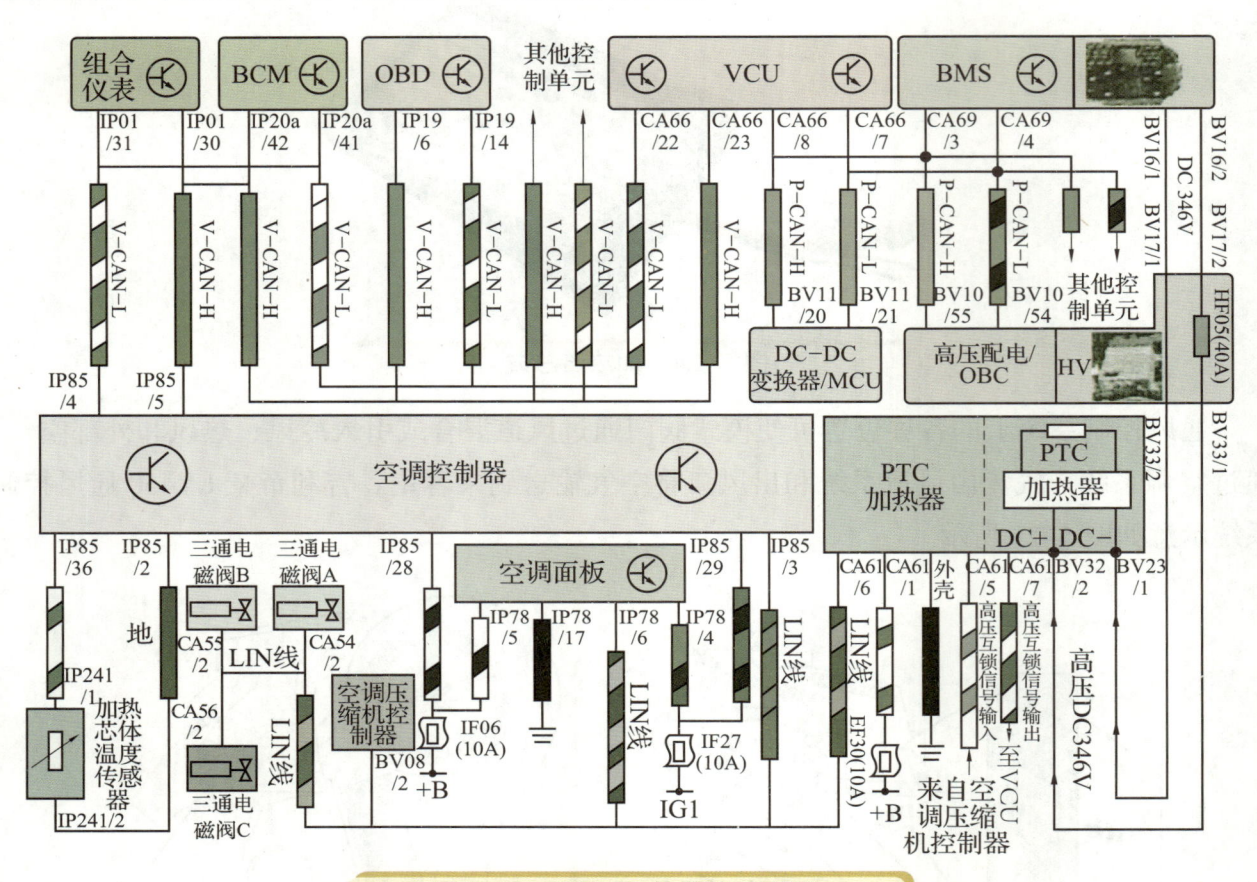

图 5-26 PTC 加热器线路原理

2. 热管理继电器控制线路

图 5-27 所示为热管理继电器控制线路原理，可以看出，热管理继电器为制冷管理电磁阀、热交换器电磁阀、加热水泵（暖风）、水冷水泵（蓄电池）、热交换器集成单元、三通电磁阀 A/B/C、PTC 加热器提供电源。空调控制器启动制冷、制热，以及整车热管理功能之前，首先控制热管理继电器工作，为以上单元及执行器提供工作电源。

项目五　空调系统故障诊断与排除

图 5-27　热管理继电器控制线路原理

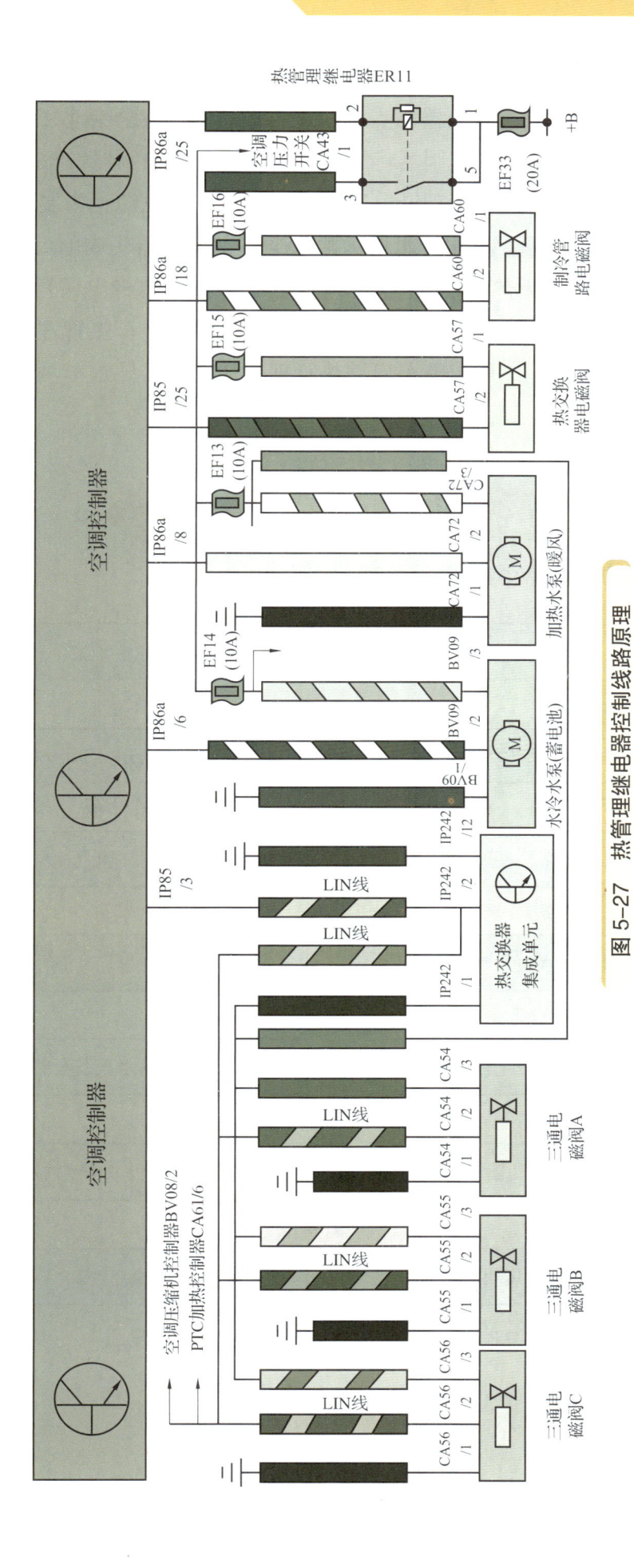

热管理继电器供电电源由蓄电池 +B 通过 EF33 至继电器的 1 和 5 端子，其中 1 端子为继电器线圈提供电源，5 端子为继电器触点提供电源；空调控制器接收到启动制冷、制热，以及整车热管理功能信号后，空调控制器将继电器的 2 端子至控制器 IP86a/25 端子间的线路搭铁，继电器工作，触点闭合，热管理继电器 3 端子输出工作电源，为制冷管路电磁阀、热交换器电磁阀、加热水泵（暖风）、水冷水泵（蓄电池）、热交换器集成单元、三通电磁阀 A/B/C、PTC 加热器提供电源。如果热管理继电器供电电源、控制及自身出现问题，将导致热管理继电器不工作或工作后输出异常，导致空调制冷、制热，以及整车热管理功能失效，制热时出口无热风，制冷时出风口无凉风，整车启动热管理功能受限，导致车辆充电时间延长或无法充电。

三、空调制热故障检测验证工作流程

图 5-28 所示为空调制热故障诊断与检测工作流程。

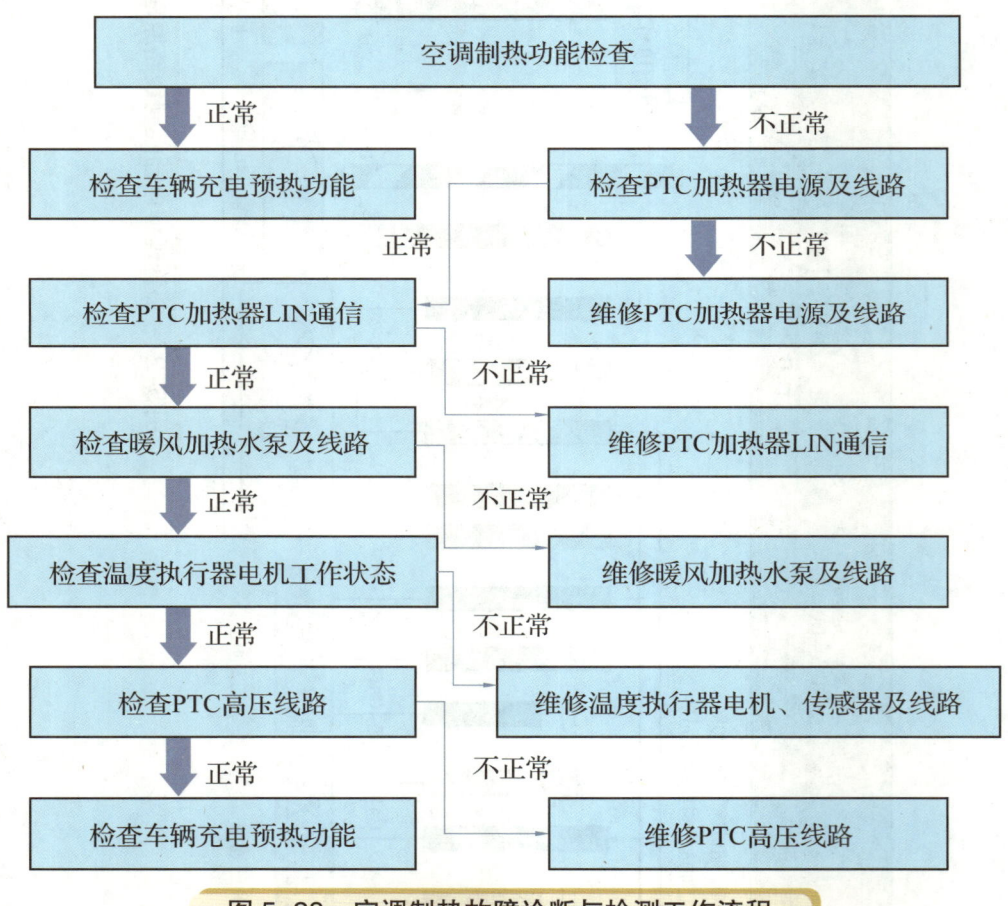

图 5-28 空调制热故障诊断与检测工作流程

项目五　空调系统故障诊断与排除

1. 故障现象

吉利帝豪 EV450 故障现象：车辆上电 READY 时，打开 A/C 空调，将挡位调至制热模式，一段时间后发现空调并无制热现象，体感为自然风；将挡位切换至制冷模式，有制冷现象。故障现象如图 5-29 和图 5-30 所示。

图 5-29　热风时体感为自然风

图 5-30　冷风时体感为冷风

2. 模块通信状态及故障码检查

（1）故障码文字描述。

无相关故障码。

（2）故障诊断仪显示。

整车控制系统相关故障码如图 5-31 所示。

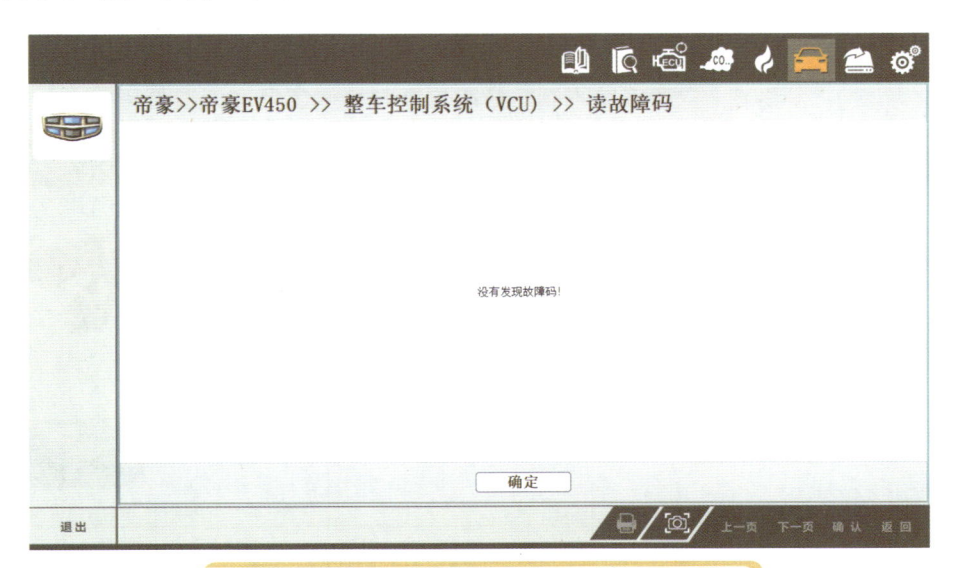

图 5-31　整车控制系统相关故障码

（3）相关数据流文字描述。

无相关数据流。

（4）相关数据流故障诊断仪显示图。

无相关数据流图。

3. 确认故障范围

PTC 本身及 PTC 线路故障。

任务实施

一、安全操作规章

（1）在进行故障检测前判断周围环境是否干燥，有无灭火器材等。

（2）检测前，做好安全防护准备工作，例如绝缘手套、护目镜、绝缘鞋等的检查与穿戴。

（3）在进行空调制热故障诊断与检测操作时，做好车辆的检查工作。

（4）使用绝缘电阻测试仪、万用表等工具时，必须提前校对仪器的准确性。

（5）对检测所获得的数据，必须认真记录，准确计算，仔细分析，保证检测的准确、快捷。

二、空调系统不制热的故障诊断与检测工具准备

空调系统不制热故障诊断与检测工具准备清单如表 5-6 所示。

表 5-6　空调系统不制热故障诊断与检测工具准备清单

类型	名称	规格	图示
防护工具	绝缘手套	绝缘	
	护目镜	绝缘	
	安全帽	绝缘	

续表

类型	名称	规格	图示
检测工具	诊断仪	X431	
	万用表	优利德	
	示波器	优利德	
	兆欧表	FLUKE	
拆装工具	工具车	绝缘	

三、空调系统不制热的故障诊断与检测

根据故障范围分步骤进行线路流程检测。

1. 检测步骤

根据故障现象及故障码显示，因无关于 ER13 及相关保险的故障代码，且根据故障现象确定空调制冷模式正常，查阅电路图后发现 PTC 属于 VCU 通信之后的执行元件，所以首先针对 PTC 供电进行排查测量。

2. 检测电路

需要检测的电路如图 5-32 所示。

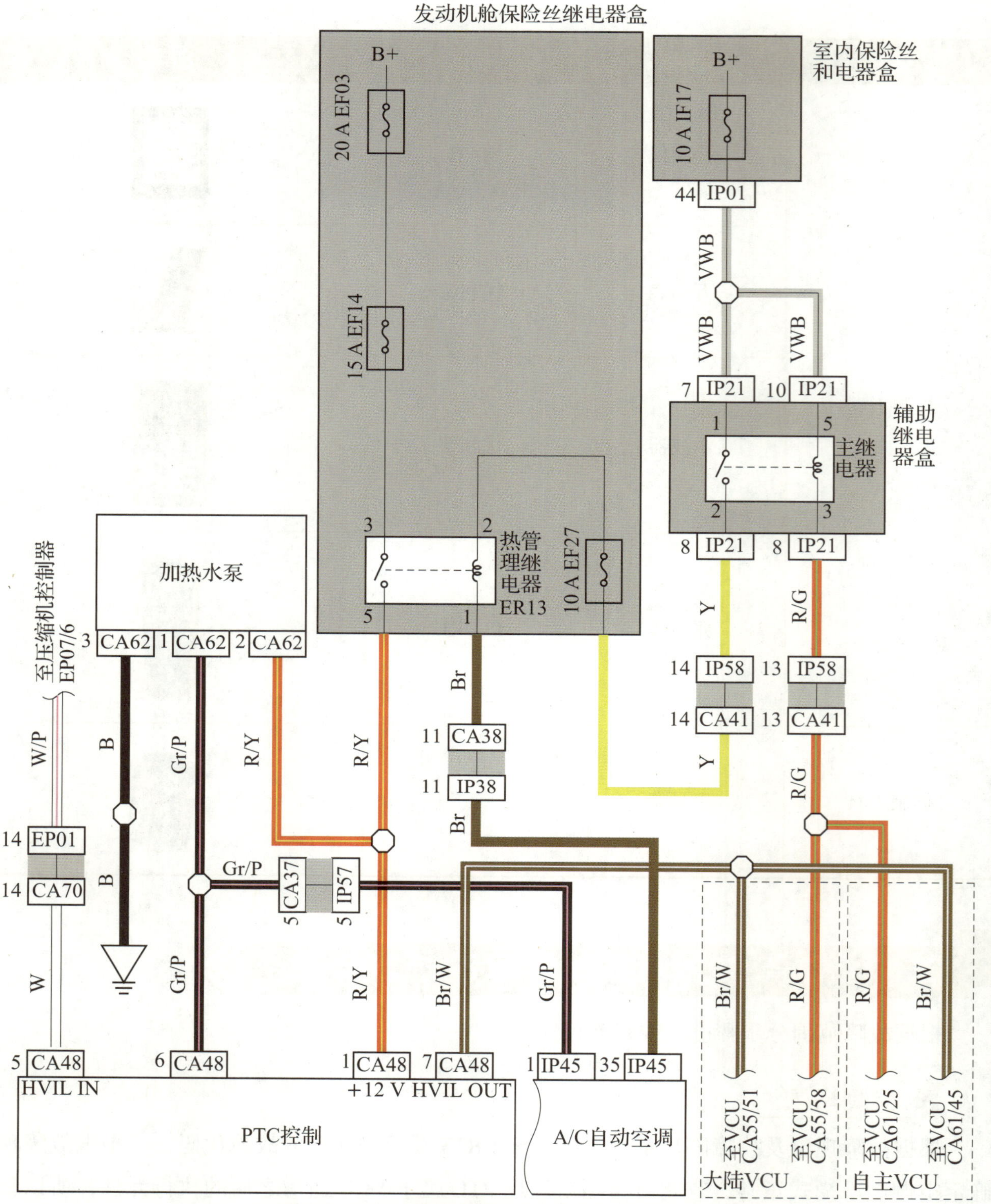

图 5-32 需要检测的电路

3. 具体检测过程

故障诊断与排除准备工作完毕之后，整个诊断过程如图 5-33 至图 5-36 所示。

项目五 空调系统故障诊断与排除

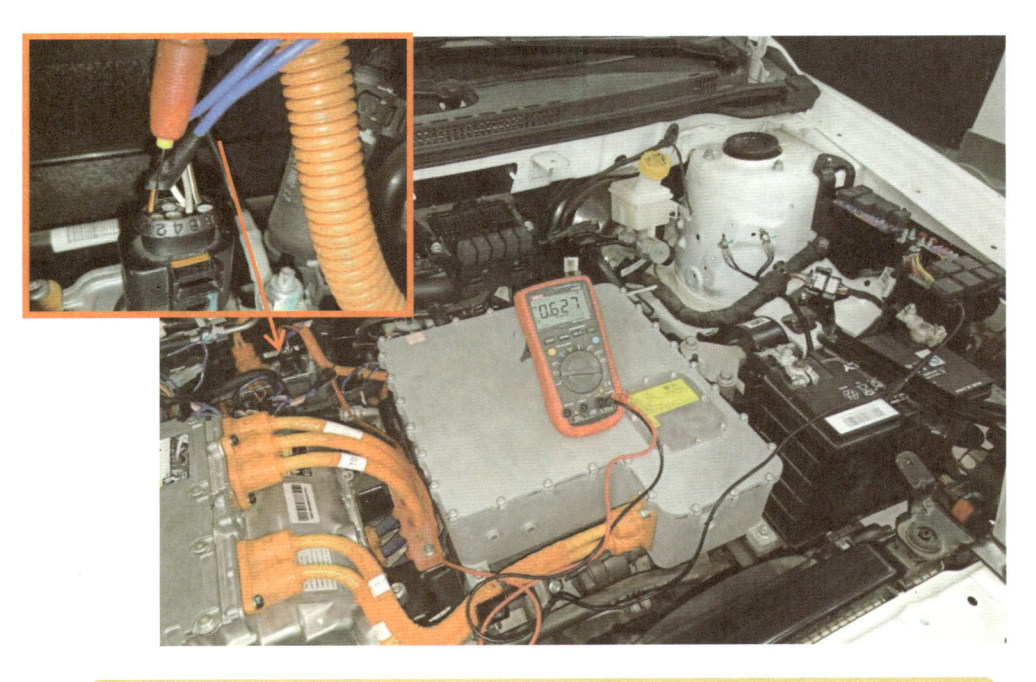

图 5-33 上电后测量背插 IP45/1 号到电源负极之间的电压值（0.6 V）

图 5-34 车辆下电，断开低压电源负极

图 5-35 断开高压连接部件，静置 5 min

155

新能源汽车综合故障诊断

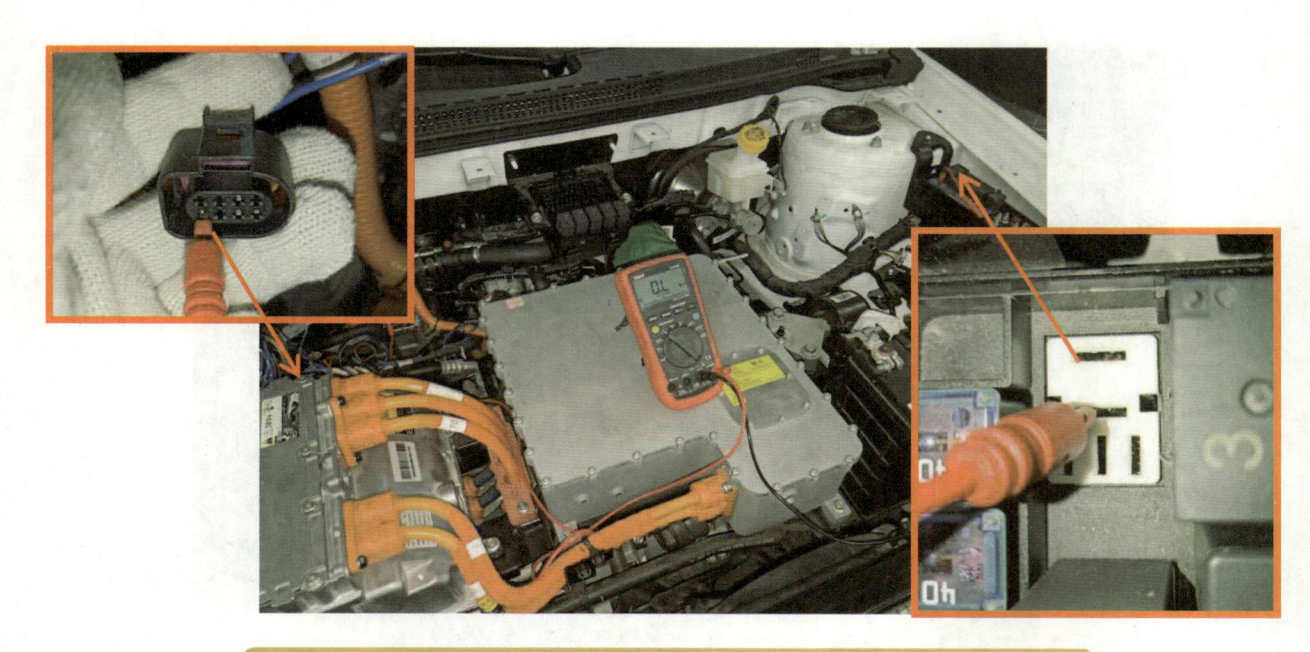

图 5-36 测量 CA48/1 到 ER13/5 之间的电阻值（正常为：0.1 Ω）

任务评价

一、展示学习成果

二、根据评分标准团队内部和团队间交互完成质量检查

空调系统不制热的故障诊断与排除质量评价表如表 5-7 所示。

表 5-7　空调系统不制热的故障诊断与排除质量评价表

项目	检查点	评价标准	配分	检测记录 自检	检测记录 互检	得分
检测分析	对空调加热器相关线路进行分析	分析不准确不得分	10			
检测分析	查阅电路图，准确找到相关位置	查找不准确不得分	10			
检测过程	上电后测量背插 IP45/1 号到电源负极之间的电压值	测量不准确不得分	15			
检测过程	车辆下电，断开低压电源负极	操作不准确不得分	15			
检测过程	断开高压连接部件，静置 5 min	操作不准确不得分	15			
检测过程	测量 CA48/1 到 ER13/5 之间的电阻值	测量不准确不得分	15			
检测过程	故障点确认	确认不准确不得分	15			
	安全操作	违反安全规章 1 项扣 2 分（扣完为止），严重违章不得分	5			

三、学习感想交流

吉利汽车 2023 年前 9 个月的累计销量为 115.3 万辆，同比增长 17%，其中纯电动汽车销量为 22.85 万辆，插电式混合动力汽车销量为 7.14 万辆，新能源板块总销量还不到 30 万辆。在总销量增速达标的情况下，吉利汽车新能源的销量成绩已然"不及格"。

当前国内新能源汽车市场竞争已进入白热化阶段，自主品牌大多以"电动化"和"智能化"为品牌发展关键词。相比造车新势力，一众传统汽车企业在造车工艺、管理架构、产业链布局以及产品规模化上显然更具发展优势，但备受传统造车思想禁锢的他们，却远不及新势力有勇气、有魄力。

2022 年连续 5 年蝉联中国品牌乘用车销量第一的吉利汽车，痛失自主品牌销冠宝座。面对瞬息万变的中国汽车市场和来势汹汹的新能源转型，吉利这位油车时代的"自主一哥"在新能源汽车赛道上似乎暂时掉队了。

将你的感想和老师、同学进行交流吧！

四、学习过程交流

（1）展示和讲述学习过程与学习成果。
（2）交流学习，发现、分析和解决空调制热故障诊断与检测过程中出现的问题。

五、学习效能评价

团队内部完成学习效能评价的自评与互评。空调系统不制热的故障诊断与排除学习效能评价表如表5-8所示。

表5-8 空调系统不制热的故障诊断与排除学习效能评价表

序号	项目	内容	程度	不能的原因
1	知识学习	PTC的功能原理	□能 □不能	
2		空调制热系统的电路图识读	□能 □不能	
3		空调制热故障分析方法	□能 □不能	
4		空调制热故障排除流程编制	□能 □不能	
5		空调制热故障排除的安全规范	□能 □不能	
6	技能学习	空调制热故障检修工具设备的选择	□能 □不能	
7		空调制热故障检测与操作	□能 □不能	
8		空调制热故障排除与操作	□能 □不能	
9		空调制热故障的检修质量控制与判定	□能 □不能	
10		空调制热故障的诊断与排除	□能 □不能	
经验积累与问题解决				
	经验积累 || 问题解决		
签审	①学生评价委员会意见： 年 月 日			评价等级认定
	②指导教师意见： 年 月 日			

六、综合能力评价

（1）团队内部完成综合能力的自评与互评。

（2）团队间交互完成学习效能的互评。

空调系统不制热故障排除任务综合能力评价表如表5-9所示。

表 5-9　空调系统不制热故障排除任务综合能力评价表

学习任务名称			学习时间			
班　　级			学习团队			
评价指标		评价情况	否定结果原因	自评	互评	师评
1	学习态度	□优秀　□良好　□一般　□差				
2	知识学习	□优　□良　□中　□差				
3	技能学习	□优　□良　□中　□差				
4	流程编制	□优化　□合理　□一般　□不合理				
5	程序编制	□优化　□合理　□一般　□不合理				
6	完成时间	□提前　□准时　□延后　□未完成				
7	测验质量	□合格　□不良　□返修　□报废				
8	成果展示	□清晰流畅　□需要补充　□不清晰流畅				
9	操作方法	□正确　□部分正确　□不正确				
10	安全规范	□很好　□好　□较好　□不好				
11	7S 管理	□很好　□好　□较好　□不好				
12	分工协作	□很好　□好　□较好　□不好				
13	沟通交流	□很好　□好　□较好　□不好				
14	问题解决	□及时　□较及时　□不及时				
15	创新精神	□优秀　□良好　□一般　□不足				
16	规划掌控	□很好　□好　□较好　□不好				
学习任务完成自评总结			亮点			
			缺点			
团队评价		团队自评　□优　□良　□中　□差		团队互评　□优　□良　□中　□差		

学生个人评价	项目 姓名	1	2	3	4	5	6	7	8	9	10	11	12	13	14	15	16

审定意见	学习组长	指导教师	教研组长
	年　月　日	年　月　日	年　月　日

说明：（1）此表主要对学习任务中的综合能力进行评价。

（2）每一个学习任务完成后，学生必须客观、真实、公正地进行评价和填报此表，此表可作为综合学习项目的评价依据。

（3）学生个人评价在学习团队内部进行，评价指标代码对应团队考核评价指标。

拓展提升

（一）接续任务学习的准备工作布置

（1）进行新能源汽车综合故障诊断综合复习。

（2）进行新能源汽车综合故障诊断实操项目的训练及拓展，举一反三，提升技能。

（二）拓展阅读

涡旋压缩机是一种容积式压缩机，压缩部件由动涡旋盘和静涡旋盘组成。涡旋压缩机的独特设计，使其成为当今世界节能压缩机。涡旋压缩机的主要运行件动涡旋盘只有啮合没有磨损，因而寿命更长，被誉为"免维修压缩机"。涡旋压缩机运行平稳、振动小、工作环境好，又被誉为"超静压缩机"。涡旋压缩机结构新颖、精密，具有体积小、噪声低、质量轻、振动小、能耗小、寿命长、输气连续平稳、运行可靠、气源清洁等优点，其发展趋势包括以下几点。

1. 产业制度不断完善，促进行业发展规范

2020年，许多新标准开始实施，随着新标准的实施，涡旋压缩机行业的发展逐渐趋于规范化、有序化。2020年7月1日，《房间空气调节器能效限定值及能效等级》国家标准开始实施；2020年11月1日，《单元式空气调节机能效限定值及能效等级》与《低环境温度空气源热泵（冷水）机组能效限定值及能效等级》等国家标准开始实施。这些能效标准的实施促使涡旋压缩机行业在能耗不断降低的同时，发展逐渐规范化。新标准对能效等级的划分更加细致，这将进一步提升涡旋压缩机行业的规范化及有序化。

2. 适配新能源汽车，发展前景广阔

汽车空调压缩机承担着压缩和输送制冷剂蒸气的功能，是汽车空调系统的核心零部件。从新能源汽车空调系统来看，电动涡旋式压缩机具备结构紧凑、振动小、寿命长和运行平稳等优势，被业内公认为最理想的电驱空调压缩机。

3. 产品智能化和先进制造程度提升

涡旋压缩机行业是典型的离散制造行业，目标客户群体不同，因此用户需求成为推动产业发展的第一生产力。利用数字技术和先进制造技术，通过零部件标准化与产品定制化，实现大规模定制将是涡旋压缩机行业企业智能制造模式的发展方向。在标准化技术、现代设计方法、数字化技术和先进制造技术的支持下，企业构建"精确获取顾客需求的能力、产品模块化配置设计能力、柔性的生产制造能力，以及供应链企业的合作关系伙伴化"，将不断推进涡旋压缩机行业先进制造模式的智能化升级。

参考文献

[1] 严朝勇. 纯电动汽车故障诊断与维修[M]. 北京：中国石油大学出版社，2018.

[2] 姜丽娟，张思扬. 新能源汽车故障诊断[M]. 北京：机械工业出版社，2018.

[3] 李正国，何军，朱小春. 电动汽车整车故障诊断与分析[M]. 北京：清华大学出版社，2019.

[4] 何泽刚. 纯电动汽车常见故障诊断与排除[M]. 北京：机械工业出版社，2018.

[5] 弋国鹏. 电动汽车构造原理及检修[M]. 北京：机械工业出版社，2018.

[6] 弋国鹏，魏建平. 电动汽车控制系统及检修[M]. 北京：机械工业出版社，2022.

[7] 祝良荣，葛东东. 纯电动汽车构造与检修[M]. 北京：机械工业出版社，2019.

[8] 张珠让，贾小亮，范小勇. 新能源汽车充电系统原理与检修[M]. 天津：天津科学技术出版社，2020.

[9] 曾鑫，刘涛. 新能源汽车动力电池与驱动电机[M]. 北京：人民交通出版社，2017.

[10] 郑军武，吴书龙. 新能源汽车技术[M]. 长春：东北师范大学出版社，2016.